Daniel Langhans

Von den Krankheiten des Hofes und der Weltleute

Daniel Langhans

Von den Krankheiten des Hofes und der Weltleute

ISBN/EAN: 9783741167140

Hergestellt in Europa, USA, Kanada, Australien, Japan

Cover: Foto ©ninafisch / pixelio.de

Manufactured and distributed by brebook publishing software (www.brebook.com)

Daniel Langhans

Von den Krankheiten des Hofes und der Weltleute

Von den

Krankheiten

des

Hofes und der Weltleute.

———

Von

Daniel Langhans,

Stadtarzt in Bern.

BERN.

In Verlag der neuen Buchhandlung. 1770.

Vorrede.

Jedes Buch, so geringhaltig es immer scheinet, und wenn es auch sogar keine Neuigkeiten in sich hielte, kann dennoch der Welt oftmals nützlich seyn, in sofern nur dasjenige, so es in sich hält, Sachen von Wichtigkeit sind, und selbige jedermann deutlich, und mit Ordnung vorgetragen werden. Ein Avis au Peuple von Hrn. TISSOT, seine kleinere Schriften von den Krankheiten der Gelehrten und der Onanie, des J. J. ROUSSEAU und BALEXER Abhandlungen von der Erziehung

Vorrede.

der Kinder, und, soll ich hier der noch kleinern Schriften des Hrn. Dr. Zimmermanns von der rothen Ruhre gedenken, sind Bücher von dieser Art, die nichts Neues, aber verschiedene zusammengetragene Wahrheiten in sich halten, welche vorhin, weil sie in hundert andern Schriften zerstreut beschrieben waren, den meisten Leuten unbekannt gewesen.

So ist es auch hier mit meinem Buche beschaffen; es enthält nichts als solche Wahrheiten in sich, die schon in vielen andern medicinischen Schriften berührt, ausser den Aerzten aber den wenigsten bekannt worden sind: und ich zweifle daran, ob jemals den Hof- und Weltleuten über die Schädlichkeit ihrer Lebensart eine besondre Predigt von Jemanden gehalten, und eine solche Anweisung für die Erhaltung

Vorrede

ihrer Gesundheit seye gegeben worden, die sich auf ihren Zustand schikte.

Die Uneigennützigkeit der Aerzte von Paris und am Hofe ist der Welt bekannt, so daß wir keine Ursache haben zu zweifeln, sie werden zu allen Zeiten, wenn sie vornehmen Leuten freundschaftliche Besuche abstatten, oder an ihre Tafel eingeladen werden, ihnen die Schädlichkeit ihrer unnatürlichen Lebensart lebhaft vorstellen, und ihnen die gefährlichen Folgen davon beweisen. Gesezt nun, diese Herren haben ihre Pflicht hierinnen gethan; es kann aber auch seyn, daß sie solche bisweilen vergessen haben, wenn sie sich nicht bedacht, daß sie Aerzte sind, welches in grossen Städten oft geschieht, wo man bisweilen von einer herrschenden Mode hingerissen, und von dem Beyspiele so vieler tausenben, ihnen ähnlich gemacht wird: In diesem leztern Falle kann ihnen dieses kleine Werk zu desto grösserm Nuzen gereichen. Die berühmten Aerzte von Paris sind sehr oft mit einer so zahlreichen Menge von Kranken beladen, daß sie nicht Zeit genug finden können, alle auf eine erforderliche Weise zu besorgen, und den Ursachen ihrer Krankheiten genugsam nachzuforschen: wie sollten sie dann überdas noch einem jeden insbesondre eine genaue Lebensvorschrift machen, und ihne über alles dasjenige, so seiner Gesundheit nachtheilig seyn möchte, warnen können?

Alle diese Betrachtungen lassen mich also hoffen, diese kleine Schrift werde allen denen zu einigem Nuzen gereichen, welche den Vorschriften, die darinn enthalten sind, genau nachleben. Ich zeige ihnen Erstlich, wie sie auf eine beſſere und natürlichere Weiſe ihre Kinder in den erſten Jahren ihres Lebens auferziehen, und ſo ſtark machen ſollen, damit ſie in dem künftigen deſto weniger für ihre Geſundheit zu befürchten haben. Zweytens zeige ich ihnen alle Fehler an, die man insgemein gegen ſolche Kinder in ihrer Auferziehung bis in ihr männliches Alter, theils aus Vorurtheilen, theils aber aus Unwiſſenheit begehet, von deren Vermeidung oder Beybehaltung entweder ein groſſer Theil der künftigen Geſundheit oder Gebrechlichkeiten, Krankheiten, und einem allzufrühen Tode abhängt. Drittens mache ich ihnen eine Beſchreibung von denjenigen Hauptkrankheiten, die von ihrer unnatürlichen Lebensart entſtehen, und lehre ſie ſelbige auf die ſicherſte Weiſe zu vertreiben; das übrige ſollen die Aerzte thun, denen ſich dieſe Kranken anvertrauen.

Und verdienen nicht solche Leute, von deren Gesundheit, Munterkeit des Geistes, und Leben, das Wohlseyn so vieler andrer Menschen abhängt, daß wir sie auf das nachdrücklichste bitten, für die Erhaltung derselben zu sorgen, und sie ermahnen, eine Lebensart zu verlassen, oder selbige zu verbessern, die oftmals nicht nur zu ihrem eigenen, sondern zum Verderben eines ganzen Staates gereichet.

IX

Von den
Krankheiten des Hofes
und der
Weltleute in Frankreich.

§. 1.

Es ist bekannt, daß der Hof von Frankreich zu allen Zeiten alle andern Höfe in Europa an Pracht und Schönheit weit übertroffen; alle Künste und Wissenschaften mit Anmuth gezieret, und den Menschen reizend gemacht; zur Lust und zum Vergnügen dieses Lebens in allen seinen Theilen das schönste und anzüglichste ausgedacht; viel Irrthum und Vorurtheile getilget; an deren Statt sich und andre Nationen mit einem edlen und schönen Geiste beseelet, und unsterblich gemacht.

§. 2.

Aber eben diesem Geiste der Erfindung, des Geschmaks und der Wolluſt, haben eben der Hof und die Weltleute in Frankreich, eine Menge von unangenehmen Empfindungen, Sorgen und Krankheiten zu verdanken, wider die ſie kein Reiz der Welt ſchützen, kein erworbener Reichthum nach Ehre ſie von ſelbigen befreyen, oder die Folgen davon, die insgemein ein allzufrühzeitiger Tod ſind, abwenden kann. Oder haben wohl jemals eines Voltaire oder Moliere Comödien einen vor der Zeit ausgebrauchten Höfling wieder zu ſeinen vorigen Kräften gebracht; einen andern, der durch einen unmäßigen Gebrauch bißiger Getränke, Spiel, Tanz, Liebe und vieles Wachen, ſich eine Auszehrung zugezogen, wider ſeinen Untergang bewahret; oder einen von eben dieſen Urſachen geſchwächten Menſchen, wider das hypochondriſche Uebel und andre Krankheiten freygeſtellt?

§. 3.

Ein eingenommenes Gift tödet nicht allemal plözlich, und man kann damit oftmals noch eine geraume Zeit gesunk herumwandlen; aber endlich äussern sich seine schädlichen Wirkungen so mächtig, daß, wenn man nicht augenbliklich das dienlichste Gegengift darwider gebraucht, ein unvermeidlicher Tod darauf erfolget: Und so ist es mit der unnatürlichen Lebensart der meisten Hofleute, und derjenigen beschaffen, die selbigen darinnen nachahmen, weil sie sie für gut zu seyn glauben, und dabey den erforderlichen Geist und Reichthum besitzen, und die ich hier Gens du bon ton nenne. Ich rede hier nicht von demjenigen Bonton, den man bald in jedem kleinen Städtchen und Dorfe ausser Frankreich antrift, wo sich eines Schulzen und Ballifs Tochter oder Sohn von ihren gleich edlen Nachbaren durch übel erlernte Kleinmeistereyen und Prahlereyen, ihres hohen Standes und grossen Reichthums halber, der ihnen doch oft kaum den nöthigen Unterhalt des Lebens verschaffet, unterscheiden, und die sich über alle übrige Menschen weit erhoben zu seyn glauben, wenn sie mit ihrem verstandlosen Geschwätze und Geist, und mit einem armseligen Puze nach einer vermeintden französischen Mode, sie seye dann frisch oder längstens veraltet, einhertretten, und vernünftige Leute höhnisch spotten können. Diese Hoflebensart ist zwar nicht allemal in den ersten Zeiten der Gesundheit merklich nachtheilig, indem viele dabey in ein ziemlich hohes Alter mit vieler Munterkeit gelangen; aber hingegen fühlet doch die gröffere Anzahl dieser Leute die schädlichen Folgen davon.

§. 4.

Der Leib des Reichen und Vornehmen ist überhaupt in allen seinen Theilen gleich beschaffen, wie der Leib eines Armen und des gemeinen Manns: die Säfte werden darinn auf einerley Weise ausgearbeitet, in Bewegung gebracht, vermischt, abgesondert und an ihre bestimmten Orte geführet; die vesten Theile in ihrem Zusammenhang und Nahrung erhalten; die Lebensgeister erzeuget; der ganze Leib ernähret, und der Schlaf hervorgebracht. Alles, was diese weise Ordnung schwächet oder zerstöhret, es seye in diesem oder jenem Theile, verletzet die Gesundheit, erzeuget Krankheiten, und beschleuniget den Tod, welches alles ohne diesen begangenen Fehler noch lange nicht erfolget wäre. Die Krankheiten der Hof- und Weltleute haben deswegen mit den Krankheiten der gemeinsten Menschen sehr vieles gemein, obschon ihre Ursachen sehr verschieden sind, und eben darum sind oft die gleichen Krankheiten bey den einen weit schwerer zu heben, und von grösserer Gefahr, als bey den andern. Ein fäulendes oder hitziges Fieber wird insgemein bey demjenigen immerdar gefährlicher und bösartiger seyn, der sich von Jugend an grösstentheils nur mit Fleisch und hitzigem Getränke ernähret hat, als aber bey dem, der das Gegentheil gethan. Die verschiedene Lebensart der Menschen bestimmet also die Natur und Grade der meisten Krankheiten, wie ihre Folgen.

§. 5.

Damit wir aber einen vollkommenen und deutlichen Begriff von diesen Wahrheiten erhalten, und die Krankheiten des Hofes und der Weltleute in ihrem ersten Ursprunge kennen, und ihre schädlichen Folgen einsehen lernen, so wird nöthig seyn, daß wir einen nach dieser Lebensart auferzogenen Hösling und ein Hoffräulein zu unsrer gegenwärtigen Betrachtung wählen, und selbige gleich von ihrer Geburt an, durch alle Veränderungen ihres Alters und Gewohnheiten des Lebens, bis an das Ende desselben begleiten.

§. 6.

Wir setzen aber zum voraus, solche Kinder seyen von gesunden und reinen Eltern erzeuget: dann Kinder von unreinen und sehr geschwächten Eltern gebohren, deren zarte Jugend schon dem höhern Alter ähnlich, und deren Natur durch verstelte Seuchen vergiftet ist, gehören nicht zu unsrer Betrachtung, weil die beste Lebensart ihre Gesundheit weder um vieles verbessern, noch ihr Leben um vieles verlängern kann: Nein, wir reden nur von den erstern. Sobald das Kind gebohren worden, wird es sogleich der Besorgung der schwächlichen Mutter entrissen, und entweder einer Säugamme zum Saugen, oder andern Diensten zur Verpflegung übergeben, damit die Mutter keine Beschwerden damit auszusehen habe, oder etwa die schöne Gestalt ihrer Brüste durch das viele Saugen verliere, oder, welches noch ein stärkerer Bewegrund ist, damit sie dabey nicht gezwungen werde, für eine kurze Zeit eine etwas genauere Lebensart, mit Verläugnung angewohnter Freuden und Ergözlichkeiten, zu beobachten. Hier wiederfahren also schon dem Kinde die ersten Nachtheile und Gefahr für seine Gesundheit, indem es die erste Milch seiner Mutter, die nach der weisen Ordnung der Natur zur Reinigung seines jungen Körpers dienen, und ihn allgemach an eine stärkere gewöhnen sollte, nicht geniessen kann, sondern eine fettere und ältere Milch von einer fast veralteten Säugamme, die für sein Alter zu stark und zu schwer ist, oder Küh- und Geißmilch, oder andre Getränke, die seinen ersten Kräften und Empfindlichkeit seines Magens und der Därme eben so wenig angemessen sind, geniessen muß. Wir sagen, zur Reinigung diene einem solchen Kinde die erste Milch oder Feuchtigkeit, die sich gleich in den ersten Tagen in den Brüsten der Mutter sammelt: dieses hat seine Richtigkeit; dann sie treibt nicht nur durch Erbrechen, sondern durch ziemlich starkes Abführen, die vielen Unreinigkeiten, die ein solches Kind im Verlaufe etlicher Monate in seinen Magen und Därme in der Mutter in sich gezogen, wie das dienlichste Brech- oder Purgiermittel aus, und erhält zugleich mit ihrem nährhaften Theile genugsam seine Kräfte, welches die gewöhnlichen abführenden Mittel, die man insgemein in diesen Umständen zu gebrauchen pflegt, niemals so wohl und so richtig thun können. Ferners müssen wir in den heutigen Zeiten, wo die Lustseuche bald das allgemeinste Uebel in der Welt geworden ist, immerdar besorgt seyn, ob nicht eine Säugamme mit einem solchen heimlichen Gifte, das sich nicht allemal an der äussern Haut erkennen läßt, oder mit einer andern erblichen Krankheit, die sie sorgfältig zu verbergen suchet, behaftet seye, selbige mit der Milch dem Kind mittheile, und dadurch es oft für die ganze Zeit seines Lebens kränklich und unglücklich mache. Drittens fühlet eine Säugamme und die meisten Abwärterinnen

solcher

solcher Kinder niemals einen so starken Instinkt der Natur bey sich, wie ihre Mütter, ihnen in ihren Schwachheiten und Bedürfnissen alle erforderliche Hülfe zu leisten, wenn sie oft schon durch starke Belohnungen dazu aufgemuntert werden. Wie oft geschicht es nicht, daß man solche Kinder ganze Nächte in ihren nassen Windeln schreyen und dursten läßt, um nicht genöthiget zu seyn, solcher Kleinigkeiten wegen aus dem Bette aufzustehn und den Schlaf zu unterbrechen? Kommen sie alsdann am Morgen zum Essen oder Saugen, so nehmen sie auf einmal allzuviel zu sich, daß sie davon Brechen, Bauchflüsse, Bauchgrimmen, und bisweilen Gichter bekommen. Würde also jede Mutter nicht besser thun, wenn sie ihre Kinder, ich will ihnen nicht zu viel zumuthen, nur fünf oder sechs Monate selbsten säugen, und sie in ihrer Gegenwart besorgen ließe? Nicht nur die Kinder, sondern die Mütter selbst wären unstreitig mindern Gefahren für ihre Gesundheit und Leben ausgesezt; dann eine Mutter, die gleich nach ihrer Niederkunft mit vieler gesunden Milch beladen wird, zerstöhret selten diesen Trieb der Natur ohne dafür gestraft zu werden. Ich habe Weiber gesehn, die, ungeacht ihrer starken und gesunden Leibesbeschaffenheit und einer solchen Menge von Milch, daß sie damit zwey Kinder zugleich hätten ernähren können, diese weise Ordnung der Natur mit Gewalt unterdrükt, kurz darauf aber von der in das Blut zurükgetretenen und in eine Gährung gerathenen Milch in einen tödlichen Friesel und Brustkrankheiten verfallen sind; und eine andre besorgte ich lange Zeit, die dieses begangenen Fehlers halb alle Monate einige Tage lang, ehe sich ihre monatliche Reinigung einstellte, ausserordentliche Schmerzen an den äussersten Theilen ihrer Finger und Zähen empfand, und die sich eher nicht stilleten, als bis ein gewisses Maaß von reiner Milch durch die Haut an diesen Orten ausgeschweiset war, welches ungefehr eine kleine Theeschale füllen konnte. Allein, so natürlich immer diese Zumuthung an alle solche Leute seyn mag, die eine natürliche Lebensart in allen Stüken beobachten, so ungereimt würde sie sich hingegen in den gegenwärtigen Zeiten für die Hof- und Weltleute in Frankreich schiken, weil die meisten allzuschwach sind, solche Beschwerden auszustehen, und sie bey ihrer unnatürlichen Lebensart ihren Kindern mehr eine ungesunde und hizige Milch, als aber eine balsamische mittheilen würden. Wir wollen also hiemit bis auf die Zeiten eines Louis XIX. noch anstehen, wo vermuthlich alsdann die Urenkel aus dem heutigen Geschlechte, wenn seither unsre Ermahnungen einen wirksamen Eindruk auf selbiges werden gemacht haben, stark genug seyn werden, diese Vorschrift erfüllen zu können.

§. 7.

Weit mehr aber, als diese nachläßige Verpflegung saugender Kinder, schadet ihnen eine allzustarke Weichlichkeit und Verzärtlung, insonderheit in den ersten Jahren ihres Lebens, und dieser Fehler ist bey den Hof- und Weltleuten sehr gemein. Nicht daß ich hier des J. J. Rousseau übertriebene Art Kinder stark zu machen, jemanden anrathen wolle, solche schikt sich gut für wilde Nationen; aber in einem gesitteten Reiche ist es genug, wenn man den Kindern so viele Kräften und Munterkeit schon in den ersten Jahren ihres Lebens verschaffet, daß sie damit gesund in ein höheres Alter aufwachsen können. Man muß also ein Kind, so klein und jung es immer ist, niemals allzuwarm halten, weil durch die Wärme, insonderheit von einer in den Zimmern eingeschlossenen warmen Luft, die zugleich etwas feuchtes in sich hält, seine noch schwache Fibern immerdar loker und schwächer gemacht werden. In den ersten Tagen seines Lebens kann man es täglich zweymal mit laulichtem Wasser und Wein waschen, nach und nach aber mit ganz kaltem Wasser bis in das Alter, wo es solches selbsten verrichten kann. Hierdurch wird seine ganze Haut so stark gemacht, daß sie zu allen Zeiten den schädlichen Abwechslungen der äussern Luft, die uns bisweilen so viele schwere Krankheiten zuwegebringen, wenn sie die Ausdünstungen der Haut plötzlich hemmen und zurüktreiben, genugsam widerstehen können. Die Füsse hingegen, die vom Herzen entferntesten Theile, wobin das Blut, sonderlich wenn man sich wenig bewegt, immerdar sehr langsam fliesset, müssen allezeit um einen Grad wärmer gehalten werden, als der obere Theil des Leibs; säugenden Kindern wisse man sie winterszeit mit Flanelle ein: ja auch auf den Bauch kann man ihnen solche zuweilen legen, damit die Winde in den Därmen, von welchen sie oft sehr stark ausgedehnt werden und ihnen heftiges Grimmen verursachen, vermittelst der Wärme zertheilt und ausgetrieben werden. Das Lager für diese Kinder, welches fleißig erneuert werden muß, seye ein mit trokenem Stroh oder Spreyer ausgefüllter Sak, oder ein Polster von Roßhaaren, damit sich keine Feuchtigkeit lange darinn aufhalten könne, weil solche, wie die feuchte Wärme, die Fibern der Haut allzulokker macht; und aus gleicher Ursache müssen die Zimmer, die sie bewohnen, troken, und gegen Mittag gekehret seyn; die Luft darinnen muß täglich einige male, sowohl Sommers- als Winterszeit durch Eröfnung der Fenster erfrischt und erneuert werden. Wir müssen hier nothwendig bey einer Mittelstrasse bleiben, um nicht zu viel noch zu wenig an die Sache zu thun; dann obschon unsre Welt unter ihren verschiedenen Himmelsstrichen von einerley Gattung Menschen bewohnt werden kann, wenn es die Noth erfordert, so finden wir es doch nicht der Vernunft angemessen, daß wir Leuten, die ihr Vaterland niemals verlassen, oder wenn sie es schon bisweilen thun, nur solche Länder sich für ihren Aufenthalt wählen, wo in Ansehung der äussern Luft und Lebensart keine beträchtliche Veränderung angetroffen wird, strengere Geseze bey der ersten Verpflegung ihrer Kinder vorschreiben. Was würde es einem Höfling oder einer Hoffräulein von Versailles für besondre Vortheile für ihr künftiges Leben und Gesundheit bringen, wenn man sie gleich nach ihrer Geburt auf die rußische oder samojedische Art aus dem heissesten Zimmer in die kälteste Luft bringen, mit Schnee ihren ganzen Leib abreiben, hernach wieder in die heiße Kammer tragen, und solches so lange wiederholen würde, bis ihr Leib einem abgehärteten Eisen ähnlich wäre, da sie hernach ihre mit so vieler

Gefahr und Ungemach erlangte Stärke in ihrem angewohnten Lande weder nuzen noch selbige unterhalten dörften? Und wozu würde es ihnen in ihrem künftigen Hofleben dienen, wenn wir sie auch daran gewöhnen wollten, daß sie gleich einer Hoffräulein aus Abbißinien ganze Tage lang in der allerheissesten Sommerhize, ohne Durst zu leiden, oder andre Ungelegenheiten zu fühlen, sich aufhalten oder spazieren könnten? wer würde ihnen mit Freuden nachfolgen? Lieber begleiten wir sie in den angenehmen Frühlingstagen bey einer mittelmäßigen Leibesstärke, die sich für unser Land schiket, in die entzükenden Lust-Alleen von Marly und Chantili.

§. 8.

So nüzlich das Waschen mit kaltem Wasser jungen Kindern ist, so nothwendig ist es hingegen auch für die Erhaltung ihrer Gesundheit, daß wir sie gleich von ihrer ersten Jugend an an die äussere freye Luft gewöhnen, in deren sie leben sollen, und hierwider fehlen die meisten vornehmen Leute aus allzugrosser Zärtlichkeit. Winterszeit haltet man sie wegen der Kälte, und im Sommer wegen der Hize in den Zimmern verschlossen, so daß die wenigsten eine reine und frische Luft einathmen können. Eine kalte und trokene Luft machet auf unsrer Haut die gleiche Wirkung wie das Waschen mit kaltem Wasser, sie stärket solche, und hindert dadurch, daß wir nachwärts von der Sommerhize nicht so viel leiden, noch durch starke Ausdünstungen der Haut abgemattet werden.

§. 9.

In Ansehung der Nahrung und des Tranks dieser Kinder wiederfahren ebenfalls viele Fehler, so theils aus Unwissenheit derjenigen Personen die sie besorgen, theils aber aus allgemein angenommener Gewohnheit und Vorurtheilen begangen werden. Wenn wir hierinn, wie in vielen andern Sachen, auf die weise Leitung und den Trieb der Natur Achtung geben, so werden wir ganz deutlich sehen, was wir zu thun haben. Die natürlichste Speise und Trank für Kinder bis in das zweyte Jahr Alters ist eine gesunde Muttermilch, welche mit Beyhülfe einer oder zwoer Suppen in zwölf Stunden Zeit, aus weissem Brod, oder wohlgekochtem Reis, Gersten, oder Habergrütze, dem Brod ähnlichen Sachen, mit frischer Kuhmilch oder Wasser verfertiget, eine genugsame Nahrung ist, ihnen damit den erforderlichen Wachsthum und Stärke zu verschaffen. Festere, nährhaftere und reizendere Speisen dienen für dieses Alter noch nicht, weil der Magen zu schwach ist, solche zu verdauen; die Zähne zum Kauen mangeln, und weil alle Fibern des Gaumens und Magens bey ihnen allzuempfindlich sind.

§. 10.

Kaum sind die Kinder der Hof- und Weltleute einige Wochen alt, so fängt man schon an, ihnen kräftige, nährhafte und gewürzte Fleischbrühen, allerley Zukerzeuge und verschiedene Mehlbreye einzugeben, und den Instinkt der Natur in diesem Stüke bey ihnen zu unterdrüken. Ein Kind muß von sehr starken Eltern gebohren seyn, wenn es die vielen Mehlbreye richtig verdauen soll, ohne dabey mit heftigen Blähungen und Leibsverstopfungen geplagt zu seyn; das Zuckerzeug hingegen erzeuget ihnen einen Ueberfluß von einer scharfen Säure im Magen und in den Därmen, und vermehret hiemit den Grad aller ihrer Krankheiten die von dem überflüßigen Sauer der Milch herkommen, als Bauchgrimmen, Brechen, Gichter ꝛc. Diese Säure wird bey ihnen oft so scharf, daß sie nicht nur alle Milch, die sie zu sich nehmen, in einem Augenblik scheidet und in einen Käs verwandelt, sondern an vielen Orten in den Därmen, wo sie sich ansetzt, solche Zusammenziehungen verursachet, daß sie dorten bisweilen für die ganze übrige Lebenszeit allzueng, an andern aber, wo die eingeschlossene Luft keinen Widerstand findet, allzuausgedehnt werden, woraus nothwendig in höherm Alter verschiedene Leibesgebrechlichkeiten, als zum Ex. Verstopfungen des Stuhlgangs und Anlässe zu unheilbaren hypochondrischen Affekten entstehen müssen. Wider den Ueberfluß der Säure, wenn sie schon von keinen andern Speisen und Trank als von der Milch erzeuget wird, haben wir bey den meisten säugenden Kindern in den ersten Monaten zu streiten, die von Natur nicht sehr stark und munter sind. In diesen Umständen sind ihnen die blos schmerzstillende und das Sauer anziehende Mittel mehr schädlich als nützlich. Man muß ihnen für eine kurze Zeit, um sie von diesen Krankheiten zu befreyen, alle Milchspeisen einstellen, damit kein frisches Sauer im Magen erzeuget werde; das alte Sauer hingegen führe man täglich mit gerösteter Rhabarber und einem Drittel Krebsaugen- oder Corallenpulver, wie auch durch blos erweichende Clystiere, gelinde ab, und zur Nahrung und Trank bediene man sich der Gersten- Reis- und Habergrüsbrühen. Aber noch weit mehr als alles Zukerzeug schaden solchen Kindern die hizigen und gewürzten Fleischbrühen, weil sie den Stoff des faulenden Wesens in ihrem Leibe allzufrüh entzünden, das Blut erhizen, und selbige bey ihren bevorstehenden Kinderkrankheiten, in den Kinderpolen, Rötheln, im Zahnen ꝛc. deswegen in desto größter Gefahr für ihr Leben stehen. Wenn die weise Vorsehung es für nüzlich erachtet hätte, daß man Kinder von diesem Alter mit Fleisch und fleischartigen Speisen ernähren sollte, so würde sie ihnen ja schon in Mutterleibe die Zähne verschaffet, und ihren Magen so stark als gewissen Thieren gemacht haben, daß sie ohne Beschwerde alle Speisen gleich nach ihrer Geburt hätten essen und verdauen können, so gut wie in einem höhern Alter. Wie kurz würde aber nicht die Dauer des Lebens eines solchen Kindes seyn, besonders wenn es hierbey noch die übrigen Kräften des Leibes und der Seele eines erwachsenen Menschen hätte, daß es den ganzen Tag über gehen, laufen, die Sinnen stark beschäftigen, und durch vieles Denken den Geist ermüden könnte! In dem fünften Jahre Alters wäre es schon in dem höchsten Grade seines Wachsthums und Stärke, in dem zehnten in strengem Abnehmen, und im fünfzehnten einem Greise von neunzig Jahren ähnlich. Das schnelle Wachsthum riesenartiger Leute, welche sehr selten ein mittelmäßiges Alter erreichen, ist ein kleiner und unvollkommner Beweis hievon. Hingegen zeiget uns die Lebensart der Einwohner unsrer Alpen, welche nicht nur in den ersten Anfängen ihres Lebens mit nichts anders als mit Milchspeisen, sondern auch durch ihre ganze übrige Lebenszeit gröstentheils damit ernähret werden, daß sie die richtigste, und zum wenigsten für junge Kinder die natürlichste sey; dann so schön die äusserliche Bildung und Farbe des Angesichts bey ihnen ist, so vollkommen ist auch ihre Gesundheit, so lange sie hierinn ihren Trieben der Natur nachleben.

§. 11.

Sind nun die Kinder der Hof- und Weltleute in den Stand gekommen, daß sie ein wenig gehen und reden können, so geniessen sie schon täglich von den gleichen hitzigen und stark gewürzten Speisen der Eltern, und das für dieses Alter sonst sehr dienliche Gartenzeug wird ihnen mit so stark eingekochter Fleischbrühe zubereitet, daß es fast nichts mehr von seiner balsamischen und die Säfte erfrischenden Eigenschaft behält, sondern der Natur des Fleisches ähnlich wird. Hier fängt ihr Gaumen und Zunge schon an, ihre natürliche Empfindlichkeit für gemeine und gesunde Speisen zu verlieren; nichts schmecket ihnen mehr gut und angenehm, als was mit einem eingekochten und gewürzten Saft von allerley hitzigem Fleische zubereitet ist, so daß es ihnen hierinn endlich eben so ergehet, wie den starken Weintrinkern, welche zuletzt allen Wein für ihren Gaumen zu schwach, und nichts als die stärksten spirituosen Getränke reizend und angenehm finden. Es ist zwar wahr, daß man zum Nachtische einer jeden Mahlzeit bey vornehmen Leuten in Frankreich verschiedene Gattungen säuerlichter Baumfrüchte darstellt, durch deren Gebrauch das genossene hitzige und fäulende Wesen des Fleisches gedämpft und gemildert werden kann, aber dieses ist doch nicht genugsam, um dasjenige Gleichgewicht zwischen diesen zween in ihrer Natur ganz verschiedenen Hauptsäften zu machen, welches die Natur erfordert, um auf der einen Seite nicht in die allerbösartigsten, hitzigen, fäulenden und entzündlichen Gallenfieber, auf der andern aber in langwärende und abmattende Krankheiten zu fallen. Und wenn man gleich zu Anfang einer Mahlzeit durch die reizendsten Speisen gleichsam mit Gewalt angestrenget wird, seinen natürlichen Hunger sattsam zu stillen, so bleibt am Ende derselben weder viel Raum im Magen, noch Begierde zu andern Speisen übrig. Hier wird hiermit der Stoff zu eben benennten Krankheiten, die einen grossen Theil der Hof- und Weltleute, sowohl in Frankreich als England, in jungem Alter wegraffen, erzeuget, und nach und nach durch vielfältige andre grosse Fehler in ihrer Lebensart so sehr vermehrt, daß wenn sie schon diesen gefährlichen Krankheiten entgehen, sie gewißlich bald hernach in eben so gefährliche, ja noch in unheilbarere Uebel verfallen, welches wir ihnen überzeugend beweisen wollen. Ja ich habe selber zu verschiedenen malen, da ich solcher Kranken wegen nach Paris beruffen worden, viele Gelegenheiten gehabt, nicht nur an andern, sondern an mir selbst, die Schädlichkeit dieser Nahrung zu erkennen, und selbige empfindlich zu fühlen. Ich speisete nach der Gewohnheit dieser Personen um zwey Uhr Nachmittag, und um zehn Uhr des Nachts.

Jede Mahlzeit war sehr angenehm, und wegen der grossen Verschiedenheit der allerniedlichsten Speisen, die aber alle auf obbemeldte hizige Art zubereitet waren, so reizend, daß man gleichsam gezwungen ward, von selbigen zu kosten, ohne Hunger zu haben. Diese neue Nahrung schmelte mir für einige Wochen lang sehr gut, hernach aber wurde sie mir zum Ekel, verursachte mir einen beständig bittern Mund, und eine fast unersättliche Begierde nach säuerlichten Sachen und gemein gekochten Gartenkräutern, so daß ich mich zulezt des Abends nicht mehr zu Tische sezen und den Geruch des Fleisches ertragen konnte, bevor ich kurz vorhero einige Gläser mit wohlversäurtem Citronentrank getrunken hatte: und dieser Vorsorge ungeacht vermehrte sich meine Galle täglich im Magen, mein Blut wurde erhizt, der Schlaf unruhig, und Mein Gemüth traurig und finster gemacht. In diesen Umständen verließ ich Paris nach einem Aufenthalte von zween Monaten, und erlangte auf meiner Rükreise durch das Elsas von dem täglichen Gebrauche eines wohlgekochten Sauerkohls und

des

des Rheinweins wieder meine vorige Gesundheit. Ein gleiches ist mir bey meiner zweyten und dritten Reise nach Paris wiederfahren, so daß ich jedesmal gezwungen worden, um meine Gesundheit zu retten, eine leichtere, säurlichtere und balsamischere Nahrung zu suchen. Und woher kommt es, daß so viele vornehme Franzosen so übel aus dem Munde riechen, daß man es neben ihnen nicht ausstehen kann, wenn sie nicht beständig mit Ambra und andern wohlriechenden Sachen durchdrungen oder bestreut sind, als eben von einer Fäulung der starken Menge Fleisches im Magen, welches nicht geschwinde genug verdauet, und durch einen erforderlichen Vorrath von Sauer gedämpft werden kann? So stank ein noch lebender Feldherr, vor dessen unangenehmem und allzugekünstelten Geruche die Feinde mehr, als vor seinen Waffen flohen.

§. 12.

Vielleicht wird man aber hier diesen Fehler vertheidigen wollen, und sagen, eine von Jugend an beybehaltene Gewohnheit mache in diesem, wie in andern Umständen vieles, daß diesen Leuten der allzustarke Gebrauch hiziger Nahrung nicht so viel, wie andern schaden könne, die sich erst in einem gewissen Alter plözlich daran gewöhnen wollen. Es ist zum Theil wahr, daß die Gewohnheit dieses für einige Zeit lang thun kann, weilen sie aber etwas sehr unnatürliches in sich hält, so müssen nothwendig die Folgen davon, je länger sie beybehalten wird, desto nachtheiliger für unsre Gesundheit werden. Je entzündlicher, zur Stokung und Fäulung geneigter unsre Säfte gemacht werden, welches von dem vielen Fleischessen und Gebrauche hiziger Getränke geschieht, desto grösser wird für solche Leute die Gefahr, wenn sie krank werden. Man wird gezwungen, ihnen in selbigen mehr Blut aus der Ader zu lassen, als andern in den gleichen Krankheiten, und ihre ganze Genesung geschieht weit mühsamer und langsamer. Das Fleisch erzeuget mehr, als alle andere Nahrung, eine Menge schweren Blutes und Galle. Man tadelt daher mit Unrecht die französischen Aerzte in der Heilung der hizigen Fieber, wegen ihrem öftern

Aderlaſſen, und in den Faulfiebern wegen dem ſtarken Abführen; wohl aber könnten einige hiermit in den Nerven- und andern Krankheiten ſparſamer umgehen, heilſamere Mittel kennen lernen, und ſolchen Perſonen, die ſie ſo oft ihrer Geſundheit halber zu beſorgen haben, eine vernünftigere LebensArt vorſchreiben: dann durch das Aderlaſſen vermindern ſie nur für eine kurze Zeit das Blut, aber nichts von ſeiner fäulenden und entzündlichen Natur, hingegen ſchwächen ſie dadurch jedesmal um ein beträchtliches alle Fibern und Nerven des Leibes, und bahnen einen ſichern Weg zu den Waſſerſuchten, Auszehrungen, Nervenkrankheiten und Verſtopfungen in den Eingeweiden des Bauchs, ꝛc.

§. 13.

Sollte es ſich aber den Hof- und Weltleuten nicht ſchiken, ihre Kinder bis in das vierzehnte Jahr ihres Alters, wie es natürlicherweiſe ſeyn ſollte, größtentheils nur mit Milchſpeiſen, Gartenzeuge, Baumfrüchten, Reis, Gerſte, Habergrüze und dergleichen zu ernähren, ſo bleibt uns anders nichts ihnen anzuratben übrig, wenn sie ihre schädliche Lebensart bepzubehalten gesinnet sind, als daß man solchen Kindern zum wenigsten in denjenigen Jahrszeiten, wo man reiffe und gesunde Baum- und andre säurlichte Früchte, als Erdbeeren, Himbeeren und dergleichen haben kann, erlaube, von selbigen täglich so viel zu essen als sie wollen; gesezt, sie würden sich damit ein paarmal überessen, daß sie davon entweder ein Erbrechen oder Bauchfluß einige Tage lang bekämen, dergleichen Ueberessen wäre ihnen bey weitem so schädlich nicht, als das Ueberessen von Fleisch und von andern sehr nährhaften Speisen, womit vornehme Franzosen so oft geplagt werden, wir könnten dieses im Gegentheile eher für eine heilsame Wirkung ansehen, weil dadurch eine Menge unnüzen Schleims, überflüßiger Galle und eines faulen Wesens aus dem Magen und den Därmen ausgetrieben wird, so ohne dieses leichtlich in das Blut hätte bringen und starke Fieber darinn erzeugen können, wie solches bey den Faulfiebern geschiebt. Die mehresten Kinder lieben die säurlichten

Baumfrüchte, und viele erzeigen nach selbigen eine ausserordentliche Begierde, weit mehr als nach allen angenehm gekünstelten Speisen von Fleische, und kostbaren Gerichten; ihr Instinkt ist hierinn noch nicht gänzlich ausgeloschen, und er kann auch bey keinem Menschen vollkommen getilget werden, welches wir an erwachsenen Leuten deutlich sehen, wenn sie mit hizigen oder faulen Fiebern überfallen werden, indem ihre ganze Natur, so lange das Fieber anhält, nach keiner Nahrung und Tranke mehr, als nach säuerlichten Sachen sehnet, hingegen aber alles Fleischartige verabscheuet. Ich sahe vor dreyen Jahren den heutigen Dauphin mit seinen zween Brüdern in Versailles zu Mittage speisen; als der Nachtisch aufgetragen wurde, erblikte der jüngste drey Pfersiche auf einem Teller, von denen er sogleich sehnlich zu essen verlangte, weilen solche aber dem Dauphin noch nicht angebotten waren, muste er noch einen Augenblik warten, worüber er so ungedultig worden, daß er sagte: muß ich dann immer der lezte im Königreiche seyn? Diese Klage war hart, aber

Die Begierde nach dieser Frucht muß nothwendig noch stärker gewesen seyn, und ich bedauerte es sehr, daß es nicht an mir stunde, ihme mehr davon anzubieten. Ich merkte wohl, daß es mit dem königl. Tische, in Ansehung der Speise und Tranks, die gleiche Bewandnis hatte, wie mit dem Tische der meisten Hof- und Weltleute: man erkennet diejenigen Speisen für gesund, die man am meisten liebet und nach denen der Gaumen lächzet; befindet sich dann unglücklicherweise für diese Leute ein solcher Arzt zugegen, der ihnen entweder aus Unwissenheit, oder weilen er selbst einen verderbten Gaumen hat, so das gesunde vom ungesunden nicht mehr zu unterscheiden weis, hierüber keine Regel giebt, so bleibt es eine untriegliche Tischwahrheit, daß alle Speisen, die man genossen, sehr gesund seyn müssen, weil der Arzt nicht nur nichts wider selbige eingewendet, sondern selbsten davon mit Lust gegessen habe. Daher kommt es sicher, daß das Magereessen von den meisten, ja sogar von Aerzten die doch etwas bedeuten wollen, für hizig, hingegen die frischen

Fleischbrühen für abkühlend in den Fiebern gehalten werden: dieses gehöret aber zur französischen Arzneywissenschaft. Wird aber dieser Vorschlag nicht gefallen, so natürlich er immer ist, so müssen wir hier weiters gehen, und auf gekünstelte Mittel gedenken, die in diesem Stüke unsern Absichten richtig entsprechen können; für ein solches Mittel sehe ich mit aller Ueberzeugung unsern versüßten Weinsteinsyrup an, der aus nichts als präparirtem, in Citronensaft nach und nach aufgelöstem, und mit Zuker versüßtem Weinstein besteht: er ist aber etwas schwer und mühsam zu verfertigen, weil sich der Weinstein sehr ungerne schmelzen und auflösen läßt, und wenn er schon aufgelöset ist, bald wieder zu Boden fällt. Dieses gemeine Mittel, wenn es recht zubereitet wird, giebt im Sommer ein sehr angenehmes und erquikendes Getränke, wenn man davon einige Theelöffel voll in ein Glas mit Wasser giesset; und wegen seinem auflösenden und gleichsam zusammengetriebenen und gelinde abführenden Sauer ist es von besonderm Nuzen in allen hizigen, Faul- und

Gallenfiebern, weil es das zähe und entzündliche Blut verdünnert, die Hitze desselben dämpfet, der Fäulung der Säfte mit Macht widerstehet, die Galle versüsset, und solche mit andern im Magen gesammelten Unreinigkeiten ganz sanft durch den Harn und Stuhlgang abführet. Von diesem Syrup gebe man bisweilen den Kindern, wenn sie mit Fleische ernähret werden, zwischen den Mahlzeiten im Wasser ein; so auch erwachsene Leute werden sich damit mächtig wider eben benennte Krankheiten schützen.

§. 14.

Wenn das Mageressen in Frankreich, welches aber bey vernünftigen Leuten in den heutigen Zeiten als eine veraltete Mode angesehen wird, keinen andern Nutzen hätte, als daß dadurch die Hof- und Weltleute für einige Zeit im Jahr gezwungen würden, minder hitzige Speisen und Getränke, im Gegentheil aber mehr Baumfrüchte und gemein gekochtes Gartenzeug zu gebrauchen, so wären sie schon hierfür der Kirche einen grossen Dank schuldig, weil sie dadurch ihr Verderben zu vermindern, ihre Gesundheit aber und Leben zu verlängern gesucht. Ob der Stifter hievon ein Arzt oder ein Heiliger gewesen, gilt uns gleich viel, denn die Absicht dieser Verordnung ist sehr gut, sie mag nun kommen woher sie immer will, und sie schikte sich noch weit besser für die Reichen als aber für die Armen: ja es wäre zu wünschen, daß solche nicht nur am französischen, sondern an allen sowohl reformirt- als katholischen Höfen in Europa, zwar ohne Zwang und an gewisse Zeiten des Jahres gebunden zu seyn, genauer beobachtet würde. Will man aber dieses nicht thun, um nicht den allzugeistreichen Leuten damit lächerlich, oder dem abergläubischen Pöbel ähnlich zu scheinen, so wende man zum wenigsten in der schönsten Frühlingszeit einige Wochen an, wo selbst die Natur der Pflanzen gleichsam auf ein neues belebt und ermuntert werden muß, wenn sie sich von denen im Winter zurükgebliebenen unnüzen und abgestorbenen Theilen entladen, und die durch eine allzulange Ruhe mattgewordenen Säfte und Fibern wieder in ihre natürliche Stärke und Flüchtigkeit bringen soll, um in dieser Zeit vermittelst einem genugsamen Gebrauche einer reinen Milchschotte, die man über Bachbungen, Brunnkreßich, Sauerampfer und andre dergleichen blutreinigende Kräuter abgezogen, oder bloß morgens nüchtern trinken kann, den im Winter stark zugenommenen Stoff des faulenden und entzündlichen Wesens im Blute zu dämpfen, und damit den ganzen Leib wieder zu erfrischen. Anstatt der Milchschotte kann man sich in gleicher Absicht eines bequemen Sauerbrunnens, als z. Ex. des Selzerwassers bedienen; bey dem Gebrauche dieser Mitteln aber müssen sich die Leute von allem demjenigen enthalten, was derselben Wirkung zuwider seyn könnte: bey der Mittagsmahlzeit müssen sie weniger Fleisch essen als gewohnt, und des Nachts gar keines, sondern nur Gartenzeug, gekochte Baumfrüchte und etwas von Reis, Gerste und dergleichen: wir erlauben ihnen noch die Fische, wenn sie auf die holländische Weise nur im Wasser mit vielem Salz und Petersil abgekocht sind, weil ihnen auf diese Art ihr schleimartiges Wesen am besten benommen wird, oder gebraten und mit vielen zerhasten Capern zubereitet. Zum Trinken müssen sie sich bey den Mahlzeiten eines leichten und säurlichten Weins bedienen, als zum Ex. eines alten Landgräfen-Rhein- oder Lacoteweins, weil solche, wie alle andre gleichartige Weine mehr von dem auflösenden und der Fäulung unsrer Säfte widerstehenden Sauer in sich haben, als die meisten französischen und spanischen; neben diesem haben sie noch die Tugend an sich, daß sie den Menschen wider den Stein in den Nieren und in der Harnblase bewahren, da hingegen fast alle französischen Weine selbigen erzeugen, wie an vielen Orten Deutschlands das Bier die Gallensteine in dem Gallensacke.

§. 15.

Ein andrer sehr beträchtlicher Fehler, den die mehresten Hof- und Weltleute gegen ihre Kinder bis in ein gewisses Alter begehen, ist, daß sie ihnen nicht eine genugsame Leibesbewegung verschaffen, sondern sie von einer allzulangen Ruhe ermatten lassen. Den grösten Theil des Tages bringen selbige in ihrem Zimmer mit Erlernung gewisser Wissenschaften und Weiberarbeiten zu, und die übrige Zeit bis zum Schlafengehen in der Gesellschaft ihrer Lehrmeister und Lehrmeisterinnen, von denen viele, aus pedantischem Vorurtheile, als wäre es unanständig, wenn sich die Kinder in Gegenwart erwachsener Personen, mit Springen, Lauffen und Tanzen erlustigen, sie mehr zum Sizen als Gehen anstrengen. Sommerszeit erlaubet man ihnen kaum einige male in der Woche, wenn man sich auf dem Lande befindet, in einem Garten, oder in der Stadt auf einer öffentlichen Promenade einige Stunden lang zu spazieren: am frühen Morgen werden sie vom Thau, hernach von der starken Sonnenhize, und am Abend wieder vom Thau und der Nachtluft zurückgehalten, und aus Furcht, sie möchten sich etwa durch das Gehen erhizen oder ermüden, so fahret man sie in einer sanft hangenden Kutsche bis zum Spazierplaze, von da werden sie auf die nächste Bank in einer Allee begleitet, allwo man sich eine zeitlang, laufend verschiedene Gesichter vorbeywandeln zu sehn, erlustiget; nach dieser kurzen Luftänderung begiebt man sich allgemach wieder zur Kutsche und fährt nach Hause. Nahet die Tochter derjenigen Zeit entgegen, da sie in ihrer Religion genau unterrichtet werden, die Musik und gewisse Weiberarbeiten erlernen soll, so wird sie für einige Jahre in ein Kloster gethan, darinn sie zugleich nach dem Beyspiele der Heiligen die Welt verläugnen soll, wodurch sie aber hernach nur besto lüsterer gemacht wird, alle ihre Annehmlichkeiten, da sie sie einmal kennen gelernet hat, in besto vollkommnerem Masse zu geniessen. Eine mäßige Leibesbewegung ist zur Erhaltung und Vermehrung unsrer Gesundheit eben so nothwendig, als der Schlaf und die Ruhe, dann sie vermehret auf eine begreifliche Weise die Kräften unsers Leibes, indem dadurch die überflüßigen Feuchtigkeiten besto besser ausgestossen, die besten Theile hiemit näher an einander gebracht, die unnützen Säfte von den gesunden leichter abgesöndert, ein reinerer und häufigerer Nahrungssaft erzeuget, und aus diesem endlich ein zur Erhaltung des ganzen Gebäudes genugsamer Vorrath an Lebensgeistern hervorgebracht wird. Und wozu diente uns die grosse Menge von Muskeln in unserm Leibe, wenn sie nicht als Werkzeuge allerley Arten der Bewegungen bewirken sollten? Die einen dienen uns ohne unser Wissen und Willen, wie zum Ex. die Muskeln des Herzens, welches sehr gut ist, sonst würden die meisten Leute, wenn sie leicht etwas wichtiges im Kopfe hätten, vergessen, das Blut daraus in der erforderlichen Ordnung in alle Theile des Leibes auszustoffen, und ein versäumter Augenblik hierinnen verursachete einen schnellen Tod. Wir dörften auch niemals einschlafen, wenn die Bewegung der Muskeln blos von unserm Wille abhienge, dieweilen im Schlafe niemand seiner selbst bewußt ist. Wie weislich und gütig hat also nicht auch hierinnen die Vorsehung mit uns gehandelt, indem Sie das mühsamste und dasjenige zu besorgen auf sich genommen, was wir selbst zu besorgen unmöglich im Stande gewesen wären, unserm Wille aber nur das zu regieren überlassen, was zu unserm Vergnügen, angenehmen Zeitvertreibe gereichen, und uns sicher durch diese Welt führen kann! Man betrachte hier für einen Augenblick das Beyspiel gemeiner Bauerskinder, die nicht von kummervollen Eltern, deren Säfte wegen öfterm Mangel der Nahrung und beständigen ängstlichen Sorgen verderbt waren, erzeuget worden; wie schön ist nicht überhaupt die Farbe ihres Angesichts? wie stark sind nicht schon in frühem Alter alle ihre Glieder, daß die meisten ganz frey herumlaufen, alldieweil die Kinder der Vornehmen sich noch lange nicht auf den Füssen aufrecht halten können? wie leicht und früh bekommen sie nicht alle ihre Zähne, und um wie viel muntrer ertragen sie nicht alle übrige Kinderkrankheiten, als die Kinder der Hofleute? Es ist zwar wahr, daß jene schon in Mutterleibe mehr Kraft und Leben, als diese erhalten, und daß das übrige von ihrer rauhen Lebensart nicht wenig zur Vermehrung ihrer Kräfte beyträgt, aber ihre beständige Leibesbewegung nutzet ihnen hierinn zum wenigsten eben so viel. Kann der mehrere

Gebrauch eines Gliedes an unserm Leibe, wie zum Er. die rechte Hand und Arm, womit man gewöhnlich mehr arbeitet als mit der linken, selbiges stärker als das andre machen, das ihme doch in allem vollkommen ähnlich ist, warum sollte dann nicht auch der ganze Leib desjenigen, der denselben täglich sehr stark übet, weit kräftiger werden, als der Körper eines verzärtelten Höflings, den man die Ordnung der Natur nur aus Büchern kennen lehret?

§. 16.

Für kein Alter scheinet die Natur mehr Leibesbewegung verordnet zu haben, als eben für junge Kinder, denn man bemerket ganz offenbar diesen Trieb an allen ihren Gliedern. Wenn sie noch in der Wiege liegen, und ihnen die Kräfte fehlen, sich auf ihren Füssen aufrecht zu halten, erfreuen sie sich schon, so oft man ihnen erlaubet ihre Hände und Füsse zu rühren, oder sie auf den Armen hin und her trägt und stark bewegt. Bey zunehmendem Alter, wenn sie einmal gehen können, äussert sich dieser Trieb der Natur noch weit stärker an ihnen,

indeme

indem sie ausser ihren gewohnten Stunden zum Essen und Schlafen, wenn sie nicht zurückgehalten werden, die grösste Zeit des Tages mit Lauffen und Springen zubringen, und hierinn ein weit grösseres Vergnügen, als in der sanftesten Ruhe finden. Und eben hierdurch werden alle ihre Säfte in einem richtigen Kreislaufe erhalten und ihnen die obenbeschriebenen Vortheile verschaffet, welche die beste Gesundheit eines Menschen ausmachen, und selbige lange zu erhalten vermögend sind. Hat endlich der Mensch das vollkommene Ziel seines Wachsthums und Stärke erlanget, daß er nicht mehr in die Länge, sondern in die Dike wächst, so vermindert sich auch allgemach bey ihme der Trieb zum schnellen Gehen und Lauffen: er fangt alsdann an, seine Schritte zu zählen, um nicht mehr allzujung, sondern ehrbar zu scheinen, oder vielleicht, weil ihne sein allzusehr beladener Magen verhindert geschwinder zu gehen, denn Alters halb könnte er von dieser Zeit an, wenn ihne nicht das Exempel andrer verführte, noch zehn Jahre länger doppelt so viel lauffen und hiemit um zehn Jahre älter werden; zulezt verlieret sich bey ihme dieser Trieb durch seine eigene Schuld in einem nicht allzuhohen Alter gänzlich, weil er eine geraume Zeit verabsäumet hat, wo er seine Kräften durch eine natürliche Leibesbewegung hätte vermehren, oder wenigstens in ihrem damaligen Grade erhalten können. Ein tägliches Lauffen, Springen und Tanzen ist also diejenige Leibesbewegung, die sich für junge Kinder schiket; vom 25ten Jahre Alters an bis in das 60ste hingegen ist das öftere Spazierenreiten und alle übrige Leibesübungen, in sofern sie nicht allzugewaltsam und erhizend sind, oder gleich auf das Essen unternommen werden, höchst nüzlich. Die Alten erhaltet das Fahren in Kutschen bey nüchterm Magen, und das öftere Spazieren an trokenen und warmen Orten, bisweilen noch lange in einer ziemlichen Gesundheit.

§. 17.

Wie nachtheilig eine allzusittsame Lebensart unserm Körper sey, sehen wir ganz deutlich an allen denjenigen, die solche befolgen. Oder wo findet man überhaupt mehr hipochondrische, melancholische und ungesunde Leute, als unter den Gelehrten, die die meiste Zeit ihres Lebens in den Zimmern ohne Bewegung zubringen? wie oft klagen sie nicht über Kopfschmerzen, Schwindel, Bangigkeiten, Herzklopfen, Unlust i;m Essen, starke Blähungen, Spannungen im Kopfe, Mattigkeiten im ganzen Leibe, Traurigkeiten des Gemüths, Leibesverstopfungen? ꝛc. Und wie siehet nicht das schöne Geschlecht aus, welches oft auf eine barbarische Weise wider ihren Willen den finstern und traurigen Klöstern aufgeopfert wird, in denen sie insgemein die schönsten Tage ihres Lebens sittsam, nachdenkend, und sehr traurig zubringen, wider alle Ordnung der Natur, zu ihrem eigenen frühzeitigen Verderben, und zum Nachtheile der Welt? wie blaß und unnatürlich ist nicht ihr Angesichte, das vorhin mit einem angenehm vermischten Roth gezieret war? und wo trift man mehrere Mutteraffekten, die Bleichsucht, die Gelbsucht, die Unordnung in der monatlichen Reinigung und Schwachheiten in dem besten Alter häußiger an, als eben hier? welches alles gröstentheils dem Mangel einer genugsamen Leibesbewegung und den Wirkungen einer verdorbten Einbildungskraft, die zur Onanie führet, zuzuschreiben ist, von deren Schädlichkeit wir umständlich reden werden. Je mehr und früher also die Kinder, von welchem Alter sie immer seyn mögen, an eine natürliche Leibesbewegung gewöhnt werden, desto geschwinder vermehren sich dadurch ihre Kräften und Gesundheit. Verabsäumen sie selbige hingegen schon in ihrer ersten Jugend, so bleiben sie nachwärts immer träge, und ziehen schon in frühem Alter die Ruhe der geringsten Leibesübung vor, weil sie selbige aus Mangel der Kräfte nicht ohne gewisse Beschwerden ertragen können, hierbey muß also nothwendig ihr Leib erkranken und immerdar schwächer werden.

§. 18.

Nachdeme endlich unsre Hoffräulein in ihrem Kloster die verlangte theoretische Erkenntnis von Gott und der Welt erlanget hat, daß sie darinn mit Reiz und Anmuth erscheinen darf, so wird sie un-

verſäumt nach Hauſe gebracht, und da noch einige
Zeit in der feinſten Lebensart des Hofes, an welchem
ſie bald bekannt werden ſoll, genau unterrichtet. Hier
fangt alsdann ihr zweytes Leben an, etwas früher
als des Höflings, den wir aber hernach betrachten
wollen. Unbegreiflich glücklicher Zuſtand, wenn nur
die Folgen und das Ende davon ſo glücklich wie deſſen
Anfang wären, oder zum wenigſten von einer län-
gern Dauer ſeyn könnten! Wasfür ſeltſame Geheim-
niſſe von Wolluſt, Vergnügungen, von immer ab-
wechſelnden Ergözlichkeiten und leicht zu erfüllenden
angenehmen Hofnungen für künftige Ehre und Glük,
werden ihr nicht auf einmal eröfnet? Wer jemals
eine wohlausgearbeitete Opera in Paris geſehen hat,
kann ſich hievon zum Theil einen deutlichen Brgriff
machen. Dieſe neue Verändrung nihmt aber erſt ihren rechten Anfang, wenn die Fräulein verheirathet
wird. Ihr Haus wird auf einmal der Sammelplaz
der angenehmſten und geiſtreichſten Leute; jedermann
bemühet ſich ihr zu gefallen, und durch neue Erfin-
dungen von Ergözlichkeiten ihre Gunſt zu erlangen.

Die Ordnung aber ihrer täglichen Lebensart, die unter den meisten Hof- und Weltleuten allgemein ist, ist diese: Am Morgen stehet sie gewöhnlich gegen zwölf Uhren aus ihrem Bette auf, nihmt eine Schaale stark gekochten Coffee oder Chocolate zum Frühstüken, laßt darauf ihre Haare zurechte machen und sich ankleiden, wozu insgemein einige Stunden erfordert werden, die ihr aber selten weder allzulang, viel weniger unangenehm vorkommen, denn das Schmüken eines solchen Frauenzimmers machet einen Theil ihres Vergnügens aus, insonderheit wenn dabey ein in den Comödien oder in andern lustigen Schriften wohlbelesener junger Abe' oder artiger Aufwärter, so die neuesten Moden von Paris und am Hofe kennen, ihren Rath ertheilen, wie diese oder jene Haarloke am besten zu wenden und zu ziehen, welche Kleidung an diesem Tage am vorzüglichsten anzuziehen, und wie viel Schminke dem Angesichte zu geben sey, um nicht zuviel noch zuwenig an die Sache zu thun, indem sich nicht die gleiche Schminke für jeden Anzug gleich gut schiket.

Nach diesem gehet man alsdann zum Mittagessen, welches gewöhnlich aus einer Menge der allernieblichsten Speisen besteht. Das erste so man zu kosten anfängt, ist eine Suppe, deren angenehmem Geruch und Geschmake selten zu widerstehen ist; solche wird insgemein aus sehr starker Fleischbrühe verfertiget, darinn verschiedenes Gartenzeug, als Kohl, kleine weisse Zwiebeln, gelbe Rüblein, Ruben, Sauerampfer, Petersilien, Kraut, Majoran ꝛc. gekocht worden, und zuletzt, um ihr die gehörige Stärke und Annehmlichkeit zu geben, wird sie mit einem eingekochten Saft oder Jus aus Schweinenfleisch, Rebhünern, gemeinen Hünern, und aus vielem anderen hitzigen und sehr nährhaften Fleische mehr gezogen, vermischt, daß sie dadurch so stark und nährhaft wird, daß einige Unzen davon hinreichend wären, einen erwachsenen Menschen einen ganzen Tag lang bey seinen Kräften zu erhalten. Neben dieser Suppe befinden sich auf dem ersten Tische verschiedene Gattungen gekochten und mit dem Jus zubereiteten Geflügels, und Ragouts die mit allerley Gewürze und Speyereyen zugerichtet sind, eine Schüssel mit Rindfleisch, nebst einigen kleinern mit Kohl, Spinat oder anderm Gartenzeuge angefüllt, aber auch mit vielem Jus abgekocht; der übrigen kleinen Gerichten wollen wir nur nicht gedenken, die neben den erstern nur als Schauessen und als eine Zierrath für den Tisch aufgetragen, und von den wenigsten angerührt werden. Der zwepte und dritte Tisch (denn jede Mahlzeit besteht gewöhnlich aus vieren) stellt wiedrum verschiedene Sorten von weissem und gebratenem Fleische dar, etwelche Saláte, Cremes, gebakenes feines Gartenzeug und Geflügel, Schinken, kalte Pasteten und Fische, nebst einer Menge anderer angenehmen aber mehrentheils sehr nährhaften und hizigen Gerichten. Bey dem Nachtische hingegen werden nichts als gebakene Speisen, Zukerzeug, Käß, Baumfrüchte und allerley Schauessen aufgetragen. Zum Trinken bedienen sich die meisten eines französischen rothen Weins mit Wasser vermischt, aber am Ende der Mahlzeit trinkt man blossen Burgunder, Champagner, und andere fremde

Weine, von denen die mehresten, wie in Deutschland, verfälscht, und mit Zuker und Brandweingeist angemacht sind. In Ansehung des Weintrinkens sind in der That die Hof- und Weltleute in Frankreich darinn mäßiger als die Schweizer, sie vermischen ihn mit Wasser, die Schweizer hingegen trinken ihren Wein ungemischt, welches man ihnen für eine Untugend anschreibt; wenn man aber betrachtet, daß die mehresten französischen Weine einen Drittel mehr Geist und Stärke als die unsrige haben, so trinkt der Franzose zum wenigsten, bey aller seiner beglaubten Mäßigkeit, eben so viel Wein als der Schweizer: und wenn ich noch den starken Gebrauch der allerstärksten Liqueurs oder gebrannten Wassern, die man bey jedem Nachtische mit Lust trinkt, beyrechnen soll, so trinkt man überhaupt in Frankreich dreymal mehr hitzige Getränke als in der Schweiz. Die schönste und köstlichste Mahlzeit in Frankreich würde für unvollkommen gehalten werden, wenn am Ende derselben keine Liqueurs aufgetragen würden: man hält solche für sehr gesund, und für dienlich die

Dauung zu befördern, da sie doch für die meisten ein vollkommenes Gift sind, und eher die Dauung im Magen verhindern als befördern, weilen sie die Speisen darinn verditern, dessen Empfindlichkeit allzusehr vermindern, das Blut plötzlich erhitzen, und die Lebensgeister in eine unnatürliche Bewegung bringen; ja ein allzustarker Gebrauch davon verhärtet endlich die Milchdrüsen im Unterleibe, daß kein Nahrungssaft mehr in selbigen ausgearbeitet werden kann, worauf endlich ein gänzliches Abnehmen des Körpers erfolgen muß, welches man ganz deutlich an allen gemeinen Leuten in denjenigen nordlichen Ländern von Europa sehen kann, die oft und viel Kornbrandwein getrunken: In frühem Alter sehen sie schon ganz alt und abgelebt aus, und die Farbe ihrer Haut ist unnatürlich, bey den meisten bleyfärbig. Aber nicht nur die Mannspersonen in Frankreich vergehen sich sehr hierinn, sondern sogar auch viele Frauen, wenn sie sich vorsetzen, ihre Gespräche bey der Tafel lebhaft, oder nach ihrer Redensart geistreich zu machen. Fast alle, sowohl französische als italiänische Liqueurs haben etwas so angenehmes und anziehendes an sich, daß der, so sich einmal daran gewöhnet hat, eher alle andre Getränke, als diese verläugnen kann.

§. 19.

Nach genossenem Mittagsmahl gehet man in ein ander Zimmer über, sezet sich da wiedrum nieder, um eine Schaale Caffee zu nehmen, damit die Dauung desto vollkommner gemacht werde; dieser Caffee aber ist gemeiniglich so stark gekocht, daß er ganz scharf wird, und das Blut nicht viel minder erhizet, als die vorher eingenommene Liqueurs: ja in vielen grossen Häusern wird oft kein anbrer als Caffee des Iles getrunken, der wegen seinem sehr scharfen und anziehenden Wesen, mehr als ein wahrhafter Caffee aus Mocla mit seiner schmerzstillenden Eigenschaft, allen unsern Nerven höchst nachtheilig ist. Auf dieseshin begiebet man sich entweder zum Spieltische, wobey man bis um 10 Uhr des Nachts sizen bleibt, oder man fährt in die Schauspiele oder Gesellschaften, allwo man sich ebenfalls bis zum Nachtessen mit Spielen unterhält; um 10 oder 11 Uhr wird zum Nachteſſen geruffen, welches gewöhnlich aus nicht minder niedlichen Speiſen beſteht, als die Mittagsmahlzeit, die die meiſten von der Geſellſchaft noch kaum halb verdauet haben, und am Ende derſelben werden die fremden Weine, Caffee und Liqueurs auch nicht vergeſſen. Nach vollendetem Nachteſſen wird abermhal geſpielt, öfters bis um 2 oder 4 Uhr des Morgens, und zwar groſſe Spiele, ſo die Sinnen mehr beunruhigen als beſchäftigen, dann es iſt gewiß, daß vornehme und reiche Leute den gemeinen hierinn ziemlich ähnlich ſind, weilen dieſe ihr Geld eben ſo wenig als jene mit Freuden verliren: und es iſt eben ſo gewiß, daß die meiſten Leute beym Verluſt im Spielen den Tiſch nicht ohne Aergerniß verlaſſen werden, ſo kaltſinnig und verſtellt ſie immer ſcheinen. Spielet man um beträchtliche Summen Geldes und verlieret ſolche, ſo bedauert man es hernach, ſo vieles ohne Nuzen und Freude verlohren zu haben; ſpielet man nur bloß zum Kurzweilen, und verlieret auch dabey, ſo ärgert man ſich über das ungerechte

Schickſaal des Spiels, oder über die Fehler die man
darinnen begangen hat: das erſtere iſt unſern Wünſchen, die im Kleinen wie im Groſſen nichts als
Glük und Gutes verlangen, das andere aber unſerm
angebohrnen Hochmuth zuwider. Ich bemerke dieſes
hier nur, um dadurch zu zeigen, wie oft nichts-
ſcheinende Sachen in uns ſchädliche Leidenſchaften
erwecken, die den Geiſt in Unruhe ſetzen und den
Körper verderben können.

§. 20.

Endlich leget man ſich gegen anbrechendem Morgen zu Bette nieder, aber man ſchläft deswegen noch
nicht augenbliklich ein, und ſolches würde für Leute
von dieſem Alter bey dergleichen auſſerordentlicher
Lebensart faſt unmöglich ſeyn. Was thun ſie dann,
wenn ſie nicht einſchlafen können? ſie folgen den
Trieben ihrer erhitzten Natur und Vorſtellungskraft
mit verhängtem Zügel, und erluſtigen ſich noch einige Zeit, bis ſie der Schlaf aus Mattigkeit erha-
ſchet; in ihren Gedanken mit der Vorſtellung genoſ-
ſener und künftiger Freuden: andere machen ſich

Vorschläge, wie sie am sichersten ihre Absichten auf gewisse Ehrenstellen, auf die Vermehrung ihres Reichthums oder Ansehens erfüllen können: die meisten aber, sowohl Weibs- als Mannspersonen erwählen sich diese angenehme Zeit, um mit desto größrer Lust und Reize die Früchte der Liebe zu genießen. Ja es ist gewiß, daß für alles dieses keine bequemere Zeit, als die Nacht ausgedacht werden könnte, weilen sich bey ihrer vollkommenen Stille die Gedanken leichter und häufiger sammlen als am Tage, und die Vorstellungskraft und alle Leidenschaften des Gemüths alsdann bey solchen Leuten sich auf dem höchsten Grade befinden, indem alle ihre Säfte eben dennzumal in der stärksten Bewegung, und die Fibern am gespanntesten sind. Dieser Zustand hat wirklich mit einem hitzigen Fieber vieles ähnlich: Morgens lassen die Hitzen, Kopfschmerzen, Durst, Bangigkeiten und Verwirrungen des Gemüths in ihrer Heftigkeit merklich nach, Nachmittags aber fängt das Fieber schon an, allgemach stärker zu werden, bis es endlich gegen Mitternacht seinen höchsten Grad erreichet hat.

§. 11.

Diese Lebensart ist sowohl dem weiblichen als männlichen Geschlechte unter den Hofleuten sehr gemein, und wird von ihnen bis an das Ende ihres Lebens befolget, wenn sie nicht bisweilen durch Krankheiten gezwungen werden, für eine kurze Zeit eine andere zu erwählen. Aber der Höfling gehet hierinn noch weiter, wenn er sich einmal selbsten überlassen ist und die erste Stuffe seines männlichen Alters erreichet hat; er erblikt auf einmal das Reißbare und Schöne einer Welt, die ihme vorhero unbekannt war, und eben deswegen, weil sie ihme bisdahin unbekannt geblieben, ist er unfähig, das Falsche vom Wahren und das Schädliche vom Guten allemal durch seine schwache Vernunft richtig zu unterscheiden, sondern er folget den Gewohnheiten derjenigen Personen, mit denen er den genauesten Umgang hat, durch die er aber allemal übel geleitet wird, weil ihre Auferziehung eben so fehlerhaft als die seinige gewesen ist. Hier höret nun die zärtliche Vorsorge seiner Mutter für ihne auf, und der Vater hält ihn für weise genug, nach eigenem Gutfinden handlen zu können; der Hofmeister der dieses merket, verläßt auf einmal sein gebieterisch Wesen, um ihme nicht zu misfallen, denn er hoffet vieles von seiner künftigen Freundschaft, weil er ihne in seiner Jugend so klug geführet, und durch seine weise Vorschriften ihn der Welt so nützlich gemacht hat: ja viele gehen, aus allzugrosser Freundschaft von dieser Art, und aus absichtlicher Gefälligkeit für ihr eigenes vermeinte Beste, so weit, daß sie ihme oft sehr beträchtliche Ausschweifungen, in sofern sie ihne ergötzen, nur als Artigkeiten des Verstandes anrechnen. Die Gesellschaft die er sich erwählet, bestehet insgemein aus jungen Leuten von seinem oder etwas höhern Alter, welche mit gleichem Feuer und Lebhaftigkeit angefüllet sind. Er verläßt plötzlich sein sittsames Leben, darinn er auferzogen worden, lernet reiten, fechten, tanzen, und erlustiget sich öfters auf eine allzugwaltsame Weise mit der Jagd oder andern allzuheftigen Leibesbewegungen, die seinen gegenwärtigen Kräften eben so wenig, als die

Milch

Milch einer alten Säugamme einem frischgebohrnen
Kinde angemessen sind. Endlich wiedmet er sich dem
militarischen oder politischen Stande, oder lernet die
Kunst für das schöne Geschlecht eine unentbehrliche
Gesellschaft und selbigem angenehm zu werden, welche
an dem französischen wie an vielen andern Höfen der
sicherste Weg ist, zu einem künftigen Glüke und zu
den höchsten Ehrenstellen zu gelangen; aber diese
Kunst, so angenehm sie immer ist, hält hingegen
sehr viel gefährliches in sich, und selten wird derje-
nige, der sie in allen seinen Theilen wohl anwendet,
in ein hohes Alter gelangen; er wird vor der Zeit
alt, und sein Geist und Leib mit Macht entkräftet,
denn sie zwinget ihne alle seine Leibs- und Seelen-
kräften täglich auf das äusserste anzustrengen; er
muß mehr, als er es sonsten thäte, den niedlichsten
Mahlzeiten beywohnen; er muß ganze Nächte mit
Spielen, Tanzen, Singen und angenehmen Erzäh-
lungen zubringen; er muß in der Liebe immerdar
gleich jung und stark seyn. Diese Foderungen aber
sind für die menschliche Natur zu stark, und derje-

E

nige, der sie erfüllen will, nehme sich vor, in seinem vierzigsten Jahre Alters allem Reize der Welt Abschied zu geben: seine Nerven und Fasern werden gleichsam alle überspannet, sein Blut an Lebensgeistern erschöpft, und überhaupt sein ganzer Zustand in vielem dem Zustande eines Greisen ähnlich seyn. Was sind alle die Hof- und Weltleute, sowohl von weiblichem als männlichem Geschlechte, von denen man sagt, daß sie in demjenigen Alter ihres Lebens, wo andere die stärkste und vollkommenste Gesundheit besitzen, sie hingegen die allerkleinste, petite santé geniessen, wo sie öfters wegen ausserordentlicher Schwachheit nicht mehr ihr Bett verlassen und keine natürliche Nahrung noch Trank mehr gebrauchen können, sondern nur blos mit dem äussersten an dem innern Theile der Schaale eines Eys anlebenden Weiß, nach der klugen Verordnung des unbegreiflich glücklichen Tronchins, so lange ernähret werden müssen, bis ein mit der größten Erfahrung und einer eben so grossen Gelehrtheit und vernunftsvoller Einsicht begabter Van Swieten ihnen mit gemeinen und ganz natürlichen Mitteln die verlohrnen Kräfte und Gesundheit wieder herstellt? was sind alle solche Leute, ich frage jedermann, als so viele Beweise, daß die Kunst, die stark herrschende Kunst am Hofe zu gefallen, für die meisten sehr gefährlich, und der Gesundheit immerdar höchst nachtheilig sey? Man glaube aber gar nicht, daß diese Kunst oder Wissenschaft nur allein von den Mannspersonen erlernet werde, sie gefällt dem schönen Geschlechte sicher eben so wohl, und wird durch viele von selbigen ja noch weit höher getrieben. Die Wünsche und Begierden der meisten Menschen sind unersättlich, insonderheit die Begierden einer Weibsperson nach Ehre und Gewalt, sobald sie davon nur einige angenehme Begriffe und Fühlungen erlanget hat; je grösser ihre äusserliche Schönheit und Geist ist, desto mehr suchet sie zu gefallen, und je grösser ihr Reichthum und Ansehen ist, desto mehr suchet sie zu herrschen, alle ihre Nerven sind reizbarer, und hiemit alle ihre Leidenschaften und Vorstellungskräfte weit lebhafter als bey den Mannspersonen. Wer verwundert sich also, daß das Leben der mehresten Hoffräulein von einer so kurzen Dauer, und ihre Gesundheit am schwächsten ist.

§. 22.

Aber auch der politische Stand, deme sich bald alle Hof- und Weltleute schon in frühem Alter widmen, ist mit eben so vieler Gefahr für ihre Gesundheit begleitet, und verkürzet sehr vielen das Leben, ja er ist oft noch weit gefährlicher als der erstere, denn solche Leute müssen nicht nur die Kunst jedermann gefallen zu können besitzen, und solche in allen Anlässen ausüben, sondern sie müssen zugleich in einer unaufhörlichen Aufmerksamkeit über alle nur mögliche Veränderungen am Hofe, in einer beständigen Sorge, und Abwechslung von sehr flüchtigen Freuden und stark nagenden Verdrießlichkeiten leben; sie müssen aber zugleich auch einen Theil derjenigen Zeit, die sie zur Ruhe und zum Schlafe vonnöthen hätten, um dadurch ihre verlohrne Kräften wieder herzustellen, mit Erlernung gewisser Wissenschaften zubringen, damit sie zum wenigsten, wenn die

Umstånde es erfordern, mit einem Scheine von Gelehrtheit auftretten, und die Welt überzeugen können, daß sie ihre erlangte Ehrenstellen und Vortheile an Ruhm und Glüke nicht gänzlich unwürdig
besizen. Was aber hierbey das schwerste, ist die
Kunst, die allerempfindlichsten Leidenschaften des
Gemüths also unterdruken zu können, daß andere
nur nicht den geringsten Anlas finden, davon etwas
zu merken: sie müssen, wenn auch andere neben ihnen sich um die gleichen Ehrenstellen oder andre
Glüksgüter mit Eifer bewerben, öfters ausgeübte
Ungerechtigkeiten mit einem sanft lächelnden Gesichte,
Verleumdungen mit Sanftmuth, übertriebene Ge-
waltthåtigkeit mit Standhaftigkeit, und alle nur
mögliche Widerwärtigkeiten und Mißgunst nach der
Vorschrift des Evangeliums mit einer einnehmenden
Gedult ertragen, wenn dabey ihr Herz schon eben
so wenig evangelisch als jener ihres gebildet ist:
und eben deswegen fällt es den meisten unendlich
schwer, ihre öftern Gemüthsleidenschaften allemal
augenbliklich so stark zu unterdruken, daß sie dem

Körper seinen Nachtheil zuwegebringen können: Zorn und Verdruß sind gewißlich diejenigen Gemüthsbewegungen, welche mehr als alle übrige, plötzlich unsre beste Gesundheit schwächen, und das Leben verkürzen; sie sind das Gift einer Viper, welches durch eine an seinem Leibe selbst gemachte Wunde in das Blut bringet und alle Säfte verderbet. Wahres Vergnügen und Freundschaft, Ruhe der Seele, Mäßigkeit der Wünsche und Begierden, welches neben einer vernünftigen und natürlichen Lebensart das vollkommenste Glük des Menschen ausmacht, und das alleine vermögend ist, seine Gesundheit zu bewahren, und ihme nach einem langen und angenehm geführten Leben, ohne Krankheit und Leiden den Tod zu verschaffen, wohnet nicht an den Höfen der Könige. Bringt ein Höfling es in seiner äusserlichen Verstellung schon so weit, daß es scheinet, er könne alle Verdrüßlichkeiten des Lebens mit einer so grossen Gelassenheit und Gleichgültigkeit ertragen, daß selbige unfähig seyen, einen schädlichen Eindruk auf seinen Körper zu machen, so eräugnen ſich dennoch zum öftern unvermuthete Zufälle, die ihn plözlich zum Zorne oder Traurigkeit verleiten können. Die meisten Franzosen haben ziemlich geſpannte Faſern und ſehr reizbare Nerven, und ſind blutreich, und eben deswegen müſſen nothwendig die geringſten Gemüthsbewegungen ihnen nachtheilig ſeyn; ſo ſehr ſie zur Fröhlichkeit von Natur geneigt ſind, ſo leicht und geſchwinde erregen ſich hingegen auch die heftigſten Leidenſchaften des Gemüths bey ihnen, doch etwas minder als bey den Italiänern, aber mehr als bey den Deutſchen und Holländern, deren Geblüt insgemein wegen ihrer allzufetten, groben und ſchwer zu verdauenden Nahrung und Trank verſchleimt iſt, und deren Nerven aus eben dieſem Grunde weit minder reizbar ſind.

§. 23.

Jede allzuheftige Leidenſchaft des Gemüths, es ſeye Zorn, Verdruß, Schreken, Angſt oder Traurigkeit, wenn ſie öfters wiederkommt, iſt unſrer Geſundheit eben ſo nachtheilig als die oben beſchriebene Lebensart der Hof- und Weltleute. Wir wollen ſie auch hievon kürzlich überzeugen: Der Zorn wie ein heftiger Verdruß wirket mit Macht auf die Gallengefäße, und treibt die Galle häufig durch den Gallengang in die Därme und hinauf in den Magen, allwo sie bald die schmerzhaftesten Krämpfe oder Darmgrimmen, bald aber Erbrechen und empfindliche Bauchflüsse verursachet, wenn sie nicht gleich so viel Säure darinn antrift, daß sie dadurch gemildert und verwandelt werden kann; geht sie von dem Magen oder aus den Därmen in das Blut über, so bringt sie bey den einen eine Gelbsucht, bey andern ein Gallenfieber hervor, welch beides durch kein an der Mittel leichter und geschwinder gehoben werden kann, als durch einen anhaltenden Gebrauch des Weinsteinsyrups S. 13. und eines wohlversäuerten Citronen- und Tamarindentranks. Für keine Personen ist der Zorn schädlicher als eben für die Hofleute, weilen sie mehr als andere mit einer grossen Menge Galle beladen sind, die von ihrem vielen Fleischessen herkommt; aber nicht nur die Gallengefäße allein werden durch diese Gemüthsbewegung heftig gereizt, sondern zugleich auch die Blutgefäſſe des Hirns, die davon oft ſo ſtark ausgedehnt werden, daß ſie von dem häufig eingedrungenen Blute zerſpringen und tödtliche Schlagflüſſe verurſachen; viele erlahmen davon gänzlich, oder bekommen ein ſtarkes Zittern in Händen und Füſſen. Heftige Schreken wirken faſt auf gleiche Weiſe, doch bringen ſie die Galle nicht in ſo ſtarke Bewegung als der Zorn. Durch die Angſt und Traurigkeit hingegen wird der Einfluß der Lebensgeiſter in die Theile der Bruſt und des Bauchs merklich gehemmt, und der ganze Kreislauf des Blutes in allen Theilen geſchwächt: daher kommt es, daß man augenbliklich alle Luſt zum Eſſen verlieret, Mattigkeit im ganzen Körper verſpühret, ſtarkes Herzklopfen und Bangigkeiten leidet, bisweilen das Blut nicht in behöriger Geſchwindigkeit vom Herzen durch die Lunge fortgetrieben wird. Die Folgen von dieſen Gemüthsunruhen ſind ſehr beträchtlich, wenn ſie oft wiederkommen, denn ſie bahnen den Weg zu hypochondriſchen Krankheiten, zur Auszehrung, zu Verſtopfungen in den bruſichten Theilen, die sich endlich in krebsartige Geschwulsten, ja in den Krebs selbsten verwandeln: viele bekommen davon fast unheilbare Hautkrankheiten, Dartres, deren wir nachwerts gedenken wollen. Mäßige Freuden stärken den Leib und erhalten die Säfte darinn in einer ordentlichen Bewegung, so wie der mäßige Gebrauch eines stärkenden Weins; sind solche aber allzuheftig und werden zu oft betrieben, so bringen sie das Blut auch in eine allzustarke Bewegung, und erhalten die Fasern in einer so heftigen Spannung, daß endlich, wenn die Empfindungen der Freuden sich vermindern, solche schlaf und entkräftet werden: daher kommt es ja unstreitig, daß so oft die allerlebhaftesten und freudigsten Leute plözlich mit Traurigkeit und den unangenehmsten Wirkungen des hypochondrischen Uebels, ohne daß man eine andere Ursache davon angeben kann, überfallen werden, ja wir haben viele Exempel, daß allzustarke und plözliche Freuden eben so, wie ein heftiger Zorn, tödliche Schlagflüsse verursachet haben. Diese Wahrheiten sind jedermann bekannt, und man kann sie in so oft vorkommenden Fällen sowohl an sich selbst als an andern leichtlich prüfen, so daß wir nicht nöthig haben, aus der Zergliederungskunst und der Wissenschaft von der Natur des Menschen selbige zu beweisen. Allen diesen schädlichen Gemüthsunruhen sind nun die Hof- und Weltleute weit mehr blosgestellt als alle andre Menschen. Glückselig ist der, der solche nicht kennet, der frey von Wünschen und Begierden nach eiteler Ehre und falschem Glüke, in seinem gegenwärtigen Zustande Zufriedenheit, und in einer stillen Ausübung wahrer Tugenden und seiner Pflichten das natürliche Vergnügen findet! Von dem militarischen Stande der Hofleute wollen wir hier nichts reden, denn er ist von lezterm sehr wenig verschieden, und gleichet dem Militärstande gemeiner Leute gar nichts, die darinn allein durch ihre beständig mühsame Beschäftigungen von Jugend auf, und durch viele Verdienste sich suchen emporzuschwingen und dem Vaterlande nüzlich zu werden: diese sind es, welche durch sich selbsten siegen.

§. 24.

Es ist nöthig, daß wir hier noch gewisser Ausschweifungen und Ergözlichkeiten gedenken, mit denen sich junge Leute oftmals das gröste Verderben zuziehen, und ihr Leben mehr als um die Helfte verkürzen, und die unter den Hof- und Weltleuten sehr gemein sind: Es sind die Liebeshändel, die bey den sogenannten feinen Nachtessen und andern kleinen Zusammenkünften am meisten betrieben werden. Der junge Höfling und die Reichen, die mit ihrem überflüßigen Gelde alle Ergözlichkeiten erkaufen können, finden allenthalben, sonderlich aber in grossen Städten, für diese Sache, die besten Gelegenheiten, selbige nach ihren Wünschen einzurichten und ihre Begierden zu sättigen; ja die Anlokungen, die an solchen Orten angetroffen werden, sind unzählbar: und wenn man die Sache genau untersuchet, so sind es für junge Leute, die voll Feuer und Munterkeit sind, und die die Welt noch nicht kennen, gewißlich die öffentlichen Schauspiele, bey denen sie bald durch eine blendende Schönheit, bald aber durch einen entlehnten

Geist, oder durch die reizenden Geberden einer Comödiantin, Tänzerin oder Sängerin bezaubert werden. Kaum sind sie einige male von diesen Creaturen angereizt worden, so entzünden sich schon ihre Begierden nach ihnen, und suchen ihre Freundschaft auf alle Weise, theils mit baarem Gelde und kostbaren Geschenken, theils durch untriegliche Versicherungen einer künftigen grossen Belohnung, zu gewinnen. Nichts ist leichter in dieser Welt, als dieses zu erhalten, wenn man keine Unkosten scheuet, indem die Wünsche dieses sündlichen Geschlechts auf nichts so sehr wie auf Gelde geht, so wie des Jünglings seine auf anders nichts als auf die Erfüllung seiner quälenden Leidenschaften, welche in diesem Alter die Liebe sind. Schon während dem Schauspiele begiebt sich der Jüngling hinter die Zierrathstücher, oder in die kleinen Nebengehalte, wo sich insgemein die artigsten Comödiantinnen in denjenigen Abschnitten des Schauspiels, da sie nicht zum Vorschein kommen, aufhalten, um allda ein wenig von ihrer ausgestandenen Mühe auszuruhen, oder vielmehr, um die durch sie bezauberten Seelen auszuspähen, die an ihnen ein mehreres suchen. Ein kurzer Augenblik ist hier schon zureichend, daß der Jüngling sein Verlangen zu verstehen gebe, und der Fräulein ihres zum Theil durch eine großmüthige Versicherung von wahrer Erkenntlichkeit beruhigen kann. Ein angenehmes und sehr stärkendes Nachtessen ist an einem sichern Orte, und das wollüstigste Lager zur Ruhe schon zubereitet, allwo die Fräulein mit Ungedult erwartet wird, und vor dem Comödienhause stehet eine sanfte Kutsche zu ihrem Dienste, darinn sie abgeholet wird. Endlich langet sie in dem bestimmten Zimmer glüklich an, wo sie der lechzende Jüngling bey seiner erhizten Einbildungskraft mit entzükender Freude umarmet und zu Tische führet. Sie siehet seine Leidenschaften mit einer reizenden Wehmuth an, und vermehret solche nicht ohne Ursache von einem Augenblike zum andern durch die allerstärksten Liebkosungen und gefälligsten Gespräche. Inzwischen wird sein Blut und alle Lebensgeister durch den Genuß der besten Speisen und hizigsten

Getränk, wie durch die Macht der Liebe in eine so starke Bewegung gebracht, daß er derselben nicht länger widerstehen kann; die Bedienten merken es, und, um ihne nicht länger an seiner erwünschten Ruhe zu stöhren, verlassen sie das Zimmer, und schlafen endlich von allzulangem Wachen in einem andern glüklich ein, so daß ihme zulezt für seine ganze Besorgung und Bedürfnis niemand mehr, als seine treugefolgte Gefährtin übrig bleibet: Ich nenne sie getreu, weilen sie ihne eher nicht als bey spätem Morgen verläßt, nachdem er vor Mattigkeit schon eine Zeit lang eingeschlafen ist. Beym Aufwachen fühlet er gleich, wie nöthig es ihme ist, seine vorige Kräften wieder zu sammeln und seine entspannte Fasern zu stärken; er läßt sich also augenbliklich entweder eine kräftige Brühe und Wein, oder eine gute Schaale mit gewürzter Chocolate zu seinem Frühstüke herbringen, womit er es kaum bis zum nahen Mittagessen aushalten kann. Bks ist er von selbigem hinweg, so fängt die Bezaubrung schon wieder bey ihme an; er geht am Abend wiedrum in das Schauſpiel, hinter die Zierrathstücher und in die Nebengehalte, allwo er neue Gesichter antrift, die ihme noch angenehmer und reizender vorkommen: er verſucht deswegen auf gleiche Weiſe auch an dieſen ſein Glük, und erhält es ohne ſonderliche Mühe, ſo lange und ſo oft Geld und Geſchenke aus ſeinen Händen flieſſen; hört aber dieſes auf, ſo wird er gezwungen, die Gunſt andrer Frauenzimmer zu gewinnen, die aus gleichen Trieben wie er, und nicht für Geld ihr Herze ſchenken, ja nicht ſelten findet er ſolche, die an ihme die gleiche Großmuth ausüben, die er vorhin in ſeinen Bezauberungen ausgeübet hat. Dieſes aber gehört zum politiſchen Stande, von deme wir oben geredet haben. Wir ſollten ihne auch hier etwas umſtändlicher betrachten; da es uns aber an Ausdrüken fehlet, mit denen ſolche Sachen ziemend vorgetragen werden ſollen, welches allemal ſchwer iſt, ſonderlich wenn man gezwungen wird, dabey die ſtärkſten Wahrheiten zu ſelbiger Aufheiterung zu verhehlen, ſo bezeugen wir hier nur dieſes, daß alle Ausſchweifungen dieſer Art insgemein böſe und gefährliche Folgen haben.

§. 25.

So angenehm verfliesset in vielen das Leben der Hof- und Weltleute. Was gemeine Leute sich oftmals lange vergeblich wünschen, geniessen jene hingegen beständig in vollem Maasse: ohne Sorge für ihren Unterhalt, ohne Mühe, ohne Bekümmernis für das Zukünftige, in sofern es nicht die Ehrbegierde ansieht: selten von Mitleiden für Bedrängte und Bedürftige eingenommen, weilen sie insgemein keinen andern Zustand vom menschlichen Leben als den ihrigen kennen. Ihre meisten Tage vollenden sich in einem gewissen Alter bey ihnen in gewünschten Freuden und oft abwechselnden Ergöslichkeiten: denn sie besitzen den erforderlichen Reichthum und Gewalt, damit alles zu erkaufen, und das zu erfüllen wornach ihr Auge sehnet und wohin ihre Wünsche zielen. Ja in vielen Dingen scheinet es, als wenn sie sogar die Macht hätten, über die Ordnungen der Natur zu herrschen, und ihr andere Gesetze vorzuschreiben. Wer wünschet nicht an ihrer Stelle zu seyn, der Reichthum, Ehre, wollüstige Freuden,

B

Ueberfluß an zeitlichen Gütern, Bequemlichkeiten des Lebens, und was immer ein ansehnlicher Hof eines grossen Monarchen vorzügliches an Pracht und Vergnügungen über gemeine Menschen besizet, als den höchsten Grad menschlicher Glükseligkeiten ansiehet? Es ist wahr, ein solcher Zustand ist unstreitig der glüklichste für solche Menschen, die eine Seele besizen, welche die Maschine in deren sie wohnet, und nicht die Maschine sie beherrschet, die fehlg ist, nicht nur die weisen Foderungen der Natur in Ansehung ihres wahren Besten einzusehen, sondern selbige eben so leicht auch zu erfüllen. Wir wollen diese Leute in ihrem Glüke nicht beneiden; es sind noch verschiedene Arten von menschlicher Glükseligkeit vorhanden, die sich jedermann verschaffen kann, und von welchen die mehresten in ihrem innern Werthe das Glük des Hofes und der Weltleute weit übertreffen: ja wenn wir diese nur etwas genauer betrachten, so finden wir Ursache genug, uns wahrhaftig glüklich zu preisen, daß wir nicht in ihrem überflüßigen und verführerischen Reichthume gebohren sind, und die

gefährlichen Stellen ihres Lebens nicht betretten
müssen, mit dessen sehr flüchtigen Freuden eine zehn-
mal grössere Menge von unvermeidlichen und ver-
derblichen Gemüthsleidenschaften, tödlichen Krankheiten, frühzeitigen Leibsgebrechlichkeiten, und ein
allzufrüher und unnatürlicher Tod verknüpfet sind.

§. 26.

Diese kurze Abschilderung und Beschreibung
der Lebensart der meisten Hof- und Weltleute wird
zureichend seyn, daß wir daraus die Natur und den
Ursprung ihrer mehresten Krankheiten deutlich werden herleiten können. Sie ist überhaupt die offenbare Ursache der Schwachheit aller festen und ner-
vichten Theile, und der Zerstöhrung und Verderbnis
aller Säfte im Leibe: denn sie streitet wider alle uns
bekannte Ordnung der Natur in Ansehung der Erhaltung unsrer Gesundheit, wider die Regeln der
Ruhe und Bewegung, wider die Natur unsrer Nahrung und Getränks, wider den Nuzen der freyen
und reinen Luft die uns beleben soll; sie verhindert
die natürliche Ausdünstung und Absonderung des

unnützen Theile und den Ersaz der gesunden in unserm Körper; sie streitet nicht weniger wider die Ruhe unsers Gemüths und wider die Ordnung im Wachen und Schlafen: und was am stärksten ist, wird schon von der ersten Jugend, von der Geburt eines Kindes an, wider die meisten dieser Ordnungen, wie wir es überhaupt bemerkt haben, gefehlt. Wer verwundert sich also, daß der größte Theil der Hof= und Weltleute, wenn sie nicht in frühem Alter an den gewohnten Kinderkrankheiten, die gemeine und stärkere Kinder leichtlich ertragen, sterben, doch in der besten Blüthe ihres Lebens an hizigen Brustkrankheiten, an Gall= und Faulfiebern, an Schwindsucht und Lungensucht hingeraffet werden; aber wenn sie auch diesen entrinnen, in langweilige Nerven= und Hautkrankheiten, oder Wassersuchten verfallen, und viele plözlich an Schlagflüssen sterben.

§. 27.

Damit aber die Hof= und Weltleute vollkommen von diesen Wahrheiten überzeuget werden, so wollen wir ihnen von einer Hauptkrankheit zur andern zeigen, daß solche unvermeidliche Folgen von ihrer unnatürlichen Lebensart seyen. Wir fangen bey den Nerven-Krankheiten an, die ihren Ursprung zum Theil schon von der ersten Jugend her haben, und weilen sie nachwärts nicht wenig zur Verderbniß und einer unordentlichen Bewegung und Absönderung der Säfte, aus denen die vermischten Krankheiten entstehen, beytragen.

Von den

Nerven-Krankheiten.

§. 1.

Unter diesem Name werden überhaupt alle hypochondrische und Mutterbeschwerden, alle krampfartige und gichterische Bewegungen im Leibe, die von keiner Entzündung des Blutes und daher kommenden Fiebern entstehen, auch was die Deutschen Blähungen, und die Franzosen Vapeurs, Obstructions und Tristesse nennen, verstanden: und als den höchsten Grad davon können wir mit allem Recht die fallende Sucht, die Gemüthsverwirrungen und eine gänzliche Raserey, in sofern solche mit keinem hitzigen Fieber begleitet ist, ansehen.

§. 2.

Es ist kein nervichter Theil in unserm Leibe, an deme sich nicht diese Krankheit bald auf diese bald auf eine andere Weise äussern kann, weswegen sie, auch so viele Benennungen bekommen hat, die aber nur eine Hauptkrankheit ausmachen, deren der Name Nerven-Krankheit beygeleget wird. Wir wollen die fürnemsten Kennzeichen mit denen diese Krankheit gewöhnlich zum Vorschein kommt, hier anführen, theils damit man sie nicht für andere Krankheiten ansehe, theils aber daß man desto besser den Grad ihrer Stärke aus selbigen erkennen und die Heilungsart desto vollkommener einrichten könne. An den Nerven des Kopfs äussert sie sich durch heftige Schmerzen, die denselben bald ganz bald aber nur einen kleinen Theil davon einnehmen, und wobey insgemein Uebligkeit, Ekel, und Reiz zum Erbrechen

vorhanden ist, welcher Zustand Micraine genennet
wird: andere werden mit Schwindel, Sausen in den
Ohren und periodischen Zahnschmerzen geplaget: einige verlieren für eine Zeit lang das Gesicht gänzlich,
welches ich zweymal gesehen habe: bey andern entstehen allerley wunderbare, fürchterliche und oft wü-
tende Vorstellungen: noch andere, sonderlich zärtliche
Weibspersonen, verfallen ohne natürliche Ursache in
ein ausserordentliches und gichterisches Lachen und
Weinen oder in eine unnatürliche Traurigkeit: viele fangen an, wider ihren Willen stark zu singen,
und verwirrte Sachen zu reden, und andere sinken
von dem blossen Geruche gewisser wohlriechender
Dinge in Ohnmacht oder bekommen die heftigsten
Gichter. Im Halse entsteht bey vielen ein starkes
Würgen und Auftreibung. In der Brust äussert sie
sich durch öfteres starkes Herzklopfen, wobey der Puls
bisweilen unordenlich schlägt oder gar für einen Augenblik stille steht: einige überfällt Angst und Bangigkeit; daß sie von einem Orte zum andern und
von einer Gesellschaft in die andere getrieben wer-

den, um Ruhe zu suchen, die sie doch nicht finden: andere werden von einem heftigen Schleimhusten geplagt, insonderheit gleich auf die Mahlzeiten. Im Bauche giebt sie sich bald durch starke Magenkrämpfe, angsthafte Aufblähungen, öfteres Erbrechen, bald durch ein empfindliches Bauchgrimmen, das bey den einen mit anhaltenden Verstopfungen des Stulgangs, bey andern aber mit Bauchflüssen begleitet wird, bald durch Spannung und Stechen in den Weichen und unten am Rückgrade, bald aber durch starkes Harndrängen oder im Gegentheile durch einen häufigen Abfluß desselben, wobey seine Farbe ganz blaß wie gemeines Wasser ist, zu erkennen. In den äußersten Gliedern, an Händen und Armen, an den Schenkeln und Füssen, äussert sie sich durch Erlahmungen, gichterische Bewegungen und Zittern, daß ein solcher Mensch oftmals weder gehen noch selbst die Speisen und Trank zum Munde bringen kann.

§. 3.

Die erste Ursache dieses Uebels liegt allemal in einer besondern und unnatürlichen Reizung gewisser

Nerven dieser oder jener Theile, welche von verschiedenen Dingen erregt werden kann. Dieses wissen wir aus unendlicher Erfahrung, aber wie es zugehe, daß von der Reizung gewisser Nerven diese, ja oft noch weit grössere und ganz erstaunende Wirkungen in unserm Leibe entstehen, werden wir eben so wenig gründlich erklären, als zum Ex. die Wirkungen des Mohnsafts, welcher den angenehmsten und einen tödlichen Schlaf verursachen kann, oder als die Wirkung vieler andrer Arzneymittel und gewisser Gifte. Wir müssen also diesen Saz als vollkommen bewiesen annehmen, obschon er sich nur auf die Erfahrung gründet. Wir wissen von der Natur der Nerven, daß wenn man einen Haupt-Nerven in unserm Leibe bindet, augenbliklich alle Bewegung in demjenigen Theile aufhöret, wohin er geht: daß hierauf eine gänzliche Schwindung und Absterben darinn erfolget: daß die benachbarten Theile, die unten aus dem zusammengebundenen Stamme einige beträchtliche Aeste bekommen, zugleich auch mächtig entkräftet werden. Wir wissen aus den Exempeln der Schlagflüsse, daß wenn die Nerven des Herzens so stark gedrukt werden, daß die Lebensgeister nicht mehr in selbiges gelangen können, seine Bewegung aufhöret und der Tod erfolget, und daß von gleicher Ursache die Dauungs- und Absonderungskräfte des Magens ungemein stark geschwächt und in eine völlige Unordnung gebracht werden können. Wir wissen, daß alle zusammenziehende Kraft der muskulosen Theile in unserm Leibe, alle Empfindlichkeit in selbigem, zur Wohllust wie zum Schmerzen, zur Freude wie zur Traurigkeit, Angst, Schreken und Zorn, und die Richtigkeit des Kreislaufes aller unsrer Säfte von einem freyen Einflusse eines unbegreiflichen, vielleicht dem elektrischen Feuer ähnlichen Lebenssafts durch die Nerven in alle Theile abhanget. Wir wissen ferners noch, daß wenn gewisse zusammenziehende Theile, insonderheit von muskulosen Häuten, wie zum Ex. der Magen und die Därme, allzuoft und stark gereizt werden, selbige endlich ihre natürliche Gestalt verlieren, am einten Orte, wo die Zusammenziehung sehr heftig ist, enge, an einem andern aber, wo sie minder ist, schlaf und ausgedehnter, als sie natürlicherweise seyn sollten, gemacht werden, und daß die Empfindungen von erweckten Reizungen aus einem Theile in andere durch die Verbindungen der Nerven, die sie untereinander haben, gebracht werden können, welches wir unten deutlicher zeigen werden. Alles dieses sind unläugbare Wahrheiten, die die tägliche Erfahrung bestätiget, und deswegen, obschon wir sie nicht anders beweisen können, wollen wir doch auf solche die ganze Lehre von den Ursachen und der Heilungsart der meisten Nervenkrankheiten bauen.

§. 4.

Die Menge der Ursachen, welche die Nerven unnatürlich reizen, die Lebensgeister aus ihrem Schlummer aufwecken und selbige in eine unordentliche Ausgießung bringen können, ist sehr groß; wir wollen aber hier nur die fürnehmsten, und diejenigen berühren, von denen bey den Hof- und Weltleuten diese Krankheit ihren wahren Ursprung nimmt.

§. 5.

Die erste Haupturſache kommt unſtreitig von ihrer allzuweichlichen und ſittſamen Lebensart her, welche von Jugend auf bis in ein gewiſſes Alter, und von den Weibsperſonen den gröſten Theil ihres Lebens hindurch befolget wird. Von beiden werden nach und nach alle Faſern und musculoſen Häute im ganzen Leibe ungemein entſpannet und entkräftet, weilen ſie nicht durch einen genugſamen Zufluß von Lebensgeiſtern, den eine natürliche Leibesbewegung verſchaffen kann, belebet werden: das Blut muß folglich, indem es allzulangſam und nicht in gehörigem Maaſſe wegen der beſtändigen Ruhe ſo vieler Muskeln vom Herzen in die entfernten Theile getrieben wird, ſich in den ſchwachen Adern des Bauchs, durch die es wieder zurük in das Herz geführet werden ſoll, allgemach ſo ſtark anhäufen, daß ſie endlich ſelbige unnatürlich ausdehnen, und vermittelſt dieſer Ausdehnung ihre Nerven auf eine unangenehme Weiſe, ja oft ſchmerzhaft gereizt werden müſſen, gleich als ob ſie von einer angebrachten Schärfe wären gereizt worden. Hievon kommt es nun, daß allzusittsame Leute mit öfterm Bauchgrimmen, mit Spannung und Schmerzen unten am Rükgrade, mit dem Geschäfte des Goldaderflusses, und die Weibspersonen mit einer gänzlichen Unordnung in ihrer monatlichen Reinigung und dem weissen Flusse, von welchem wir aber unten, als von den Folgen der Nervenkrankheiten umständlicher reden wollen, geplagt werden. Ja auch die unnatürlichen Vergrösserungen der Leber und Milz, die fast überhaupt unter dem Name Obſtructiones bekannt sind, und die insgemein mit einer Menge von den Kennzeichen der Nervenkrankheiten §. 2. begleitet sind, sind dieser Zustand, oder eine Folge davon.

§. 6.

Je grösser die Anzahl der ausgedehnten Adern im Unterleibe ist, desto grösser ist die Reizung und die Anzahl der Zufälle §. 2. und hiemit desto unheilbarer die ganze Krankheit, sonderlich wenn sie schon lange gedauert hat: denn von einer allzulange angehaltenen Ausdehnung dieser Blutgefässe bekommen sie endlich an verschiedenen Orten Säke oder Kröpfe, die man Varices nennet, welche mit bisdahin bekannten Mitteln, durch keine Heilungsart, ja auch nicht mit des Hrn. P o m m e allmächtigem Wasser, und Bädern bis zum Untersinken, haben können gehoben werden. Wir können also mit allem Recht eine solche allzustarke Anhäufung des Bluts in den Adern des Unterleibes, deren nächste Ursache der Mangel genugsamer Leibesbewegung ist, als eine Hauptquelle verschiedener Nervenkrankheiten ansehen. Oder, warum sind bey allen solchen Leuten, die sich täglich eine genugsame Leibesbewegung verschaffen, diese Uebel unbekannt, und warum verfallen sie leichtlich in selbige, wenn sie ihre Arbeiten und geführte Ordnung in der Ruhe und Bewegung verlassen? Ich kenne einen mächtigen Herrn, der nach der allerweichlichsten und ruhigsten Lebensart des Hofes in seiner Kindheit ist aufgezogen worden, nachwerts aber in frühem Alter sich an die stärksten Leibesbewegungen täglich so sehr gewöhnt, daß ungeacht aller übrig begangenen grossen Fehlern in der Lebensart, die den stärksten Stoff zu vielen Nerven- und andern Krankheiten in seinem Leibe zubereitet, er selbige noch izund in seinem sechszigsten Jahre Alters durch das tägliche starke Jagen zu Pferde hintertreiben, und ihren tödlichen Ausbruch abwenden kann; wir wünschen ihme noch langes Leben, und seinen Aerzten alle nöthige Einsicht ihn vor einer drohenden Wassersucht zu bewahren.

§. 7.

Es werden aber von einer allzuweichlichen und sittsamen Lebensart nicht nur so viele Adern in den Eingeweiden des Unterleibs ausserordenlich ausgedehnt, und dadurch ihre Nerven gereizt, sondern der Magen und die Därme kommen davon in eine gleiche Schwachheit, daß ihre Dauungs- und Absonderungskräfte vermindert, und ein grober und scharfer Nahrungssaft erzeuget werden: die übel verdauten Speisen verursachen darinn Blähungen, welche sowohl als die erzeugte Schärfe unangenehm und empfindlich ihre Nerven reizen. Der Magen und die Därme sind mit einer so unzählbaren Menge kleiner und großser Nerven, wegen der ungemein grossen Arbeit die sie täglich verrichten sollen, begabet, daß sie an vielen Orten von der stärksten Empfindlichkeit sind, und deswegen oft von sehr geringen Ursachen so heftig gereizt werden können, daß daraus unbegreifliche Wirkungen im Leibe entstehen: ein starkes Beyspiel hievon zeigen uns die Würme in den Därmen junger Kinder, die bey vielen durch eine nicht schmerzhafte Reizung bisweilen die allerheftigsten Gichter, fallende Sucht und plötzliche Ohnmachten verursachen. Und wasfür ausserordentliche Aengstigungen, Uebligkeiten, Herzklopfen, Magenkrämpfe, Furcht, Kleinmüthigkeit, Zittern in allen Gliedern, Schlaflosigkeiten, Bauchgrimmen, ꝛc. können nicht starke Blähungen im Magen und in Gedärmen erwecken? wie empfindlich werden nicht die Nerven des Kopfs, die mit den Nerven des Magens verbunden sind, gereizt, wenn sich in selbigem eine von schwacher Dauung zurückgebliebene scharfe Materie eine zeitlang aufhält, und kaum ist solche durch Erbrechen oder Abführen herausgetrieben, so höret die schmerzhafte Empfindung

im

im Kopfe fast augenblicklich auf. Wie oft siehet man nicht Leute ganz traurig und angsthaft herumwandeln, daß sie an keinen Ergözlichkeiten der Welt einigen Antheil nehmen mögen, daß sie alle Lust zum Essen verlieren, aus Angst in abmattende Schweise und Abnehmen des Leibes verfallen, ohne Ursache einen nahen und fürchterlichen Tod vor Augen sehen, oder mit den schmerzhaftesten und unheilbarsten Krankheiten bald glauben überfallen zu werden oder mit selbigen wirklich behaftet zu seyn. Forschet man den Ursachen eines solchen ausserordentlichen Zustandes nach, so findet man sehr oft, daß selbige blosserdings von einer allzustarken Blähung des Magens und der Därme herrühre, von deren ihre Nerven gereizt werden. Ein gemein eröfnendes und abführendes Clystier, oder Mittel *, durch

* In solchen Umständen scheinet es, haben die Ailhaudischen und Siroes Purgierpulfer, von denen die erstern ein verstelltes Scammonium, die letztern aber Jalappa seyn sollen, ihren unverdienten Ruhm in der Welt erworben; sie leeren einen unreinen Magen wie alle übrige Purgiermittel aus, welches gut wäre,

welches den eingesperrten Winden ein freyer Ausgang verschaffet und die vorhandene Schärfe genugsam ausgetrieben wird, heilet bisweilen solche Kranke plößlich für eine kurze Zeit, bis wieder ein neuer Saz von Unreinigkeiten in diesen Theilen ist erzeuget worden.

sobald aber ihre unwissende und treiste Erfinder daraus ein allgemeines Heilungsmittel wider alle fast mögliche Krankheiten, wie Hr Pomme mit seinem sich selbst so sehr widersprechendem Lehrsaze von der Heilung der Nervenkrankheiten mit Wasser und warmen Getränken, machen wollten, verloren sie bald bey vernünftigen Leuten ihren ganzen Werth, weilen sie viele, anstatt sie von kleinen Uebeln zu befreyen, in tödliche versezten. Nicht daß ich hier den Hrn. Pomme in die Classe solcher Quaksalber sezen wolle, nein, sein Name verdienet bey jedermann Ruhm, weil er in guten Absichten sich der Welt nüzlich zu machen getrachtet hat, nur bitten wir ihne, uns zu erlauben, daß wir zweifeln dörfen, ob kaltes und warmes Wasser von gleicher Wirkung in den Nervenkrankheiten seyen, von denen er glaubet, daß sie in nichts anders als in einer vermehrten Spannung der Nerven bestehen, die er Racormissement, Spasme und Erethisme nennet, und durch anders nichts als Bäder und eine Menge Getränke und Brühen gehoben werden können. Wenn nur alte und abgelebte Leute mit den Nervenkrankheiten zu streiten hät-

§. 8.

Bey starken Blähungen sind allemal die Därme an gewissen Orten, wo viele Nerven sind, mehr als sie es natürlicherweise seyn sollten, zusammengezogen, wodurch oft die Winde und verdaute Speisen einige Zeit verhindert werden, zu ihrem natürlichen Ausgange zu gelangen, an andern Orten hingegen, wo weniger Nerven befindlich, sind sie so heftig ausgedehnt, daß sie grossen Säten ähnlich sind. Solche ausserordenliche Ausdehnungen in den Därmen können schon in den ersten Zeiten des Lebens eines

ten; bey denen gemeiniglich alle Fasern und Nerven ganz stark und ihre Säfte scharf und stark gesalzen sind, so könnte man mit mehrerm Zutrauen seinem Lehrsaze Beyfall geben, als wenn er junge und zärtliche Frauenzimmer, bey denen hingegen alle Fibern ganz schlap und allzuschwach sind, nach demselben besorgen will. Bisdahin hat man es für eine bewiesene Sache angesehen, daß kaltes Wasser die schlappen Fibern an unserm Leibe stärke, das warme hingegen solche erweiche: wie soll aber kaltes und warmes Wasser auf eine gespannte Fiber gleich wirken? Beides ist zuweilen ein Beyhülfsmittel in der Heilung der Nervenkrankheiten, aber kein Hauptmittel, wie wir es unten aus Erfahrung und aus der Natur der Sache zeigen wollen.

sindes ihren Ursprung nehmen, wenn sie oft und lange von einer scharfen Säure gereizt werden, wie wir es oben angemerkt haben. Wenn einmal die Därme in einen solchen Zustand gekommen, so ist es unmöglich, daß sie durch die Kunst um vieles natürlicher gemacht werden können, so wenig als die Kröpfe in den rückführenden Adern des Unterleibes §. 6. Wir wollen es dem Herrn P o m m e gerne erlauben, solche Zusammenziehungen der Därme ein Racornissement zu nennen, in sofern er hingegen den Ausdehnungen derselben nicht auch den gleichen Namen beylegen, und mit kaltem Wasser das erstere Uebel, mit warmem aber das andere unmittelbar heilen will. So lange die starken Ausdehnungen und Zusammenziehungen der Därme noch nicht gleichsam zur Natur geworden sind, können solche noch durch Hülfe gewisser Mittel, und durch kalte Clystiere gehoben werden, aber nicht so, daß die kalten Clystiere den zusammengezogenen Ort berühren. Wir können dieses deutlich zeigen: Wenn ein verdichter Theil in unserm Leibe durch etwas empfindlich ge-

reizet wird, so geht allemal augenblitlich eine grosse
Menge von Lebensgeistern, Blut und andern Säften
dahin, daß dadurch darinn Schmerzen oder andere
Empfindungen entstehen müssen, wie wir es aus
den Entzündungen sehen können; wird aber zu gleicher Zeit ein andrer Theil noch heftiger gereizt, so
geschieht der Zufluß stärker zu diesem hin, daß der
Schmerz oder die Empfindung im erstern völlig aufhört, und die verursachte Spannung darinn allgemach nachläßt *. Oder ist wohl eine andere begreifliche Ursache als diese, daß starke Zugpflaster lang
angehaltene Glieder- und Zahnschmerzen, und andere
schmerzhafte Uebel mehr oft nach wenigen Stunden
gänzlich vertreiben, auch den Kranken in hizigen und

---

* Wir wollen hier über diese Sache zwey Beyspiele anführen, die uns ziemlich stark zu seyn
dunten: Eine allhier noch lebende Frau, von
ungefehr dreyßig Jahren Alters, deren Temperament allzeit gallsüchtig und blutreich war, bekam plözlich die allerheftigsten Gichter von einem
starken Schmerzen und Aufblähung im Unterleibe, deren Ursache eine scharfe gallichte Materie und verschlossene Winde in den Därmen
war, durch die ihre Nerven höchst empfindlich
gereizt wurden: man gebrauchte anfangs augen-

bösartigen Fiebern aus den heftigsten Gemüthsverwirrungen ziehen? und hat es im mindern nicht auch die gleiche Beschaffenheit mit den Fußbädern und Sänfpflastern, mit denen man das Blut von den obern Theilen in die untern zieht? Auf diese Weise können eiskalte Clystiere oftmals bey nicht lange angehaltenen Ausdehnungen und Zusammenziehungen in den Därmen von grosser Wirkung seyn, wenn sie plötzlich durch ihre reizende Kraft in dem untersten Darme, wo die Zusammenziehung niemals, wohl aber in dem Grimdarme ihren Sitz hat, die Nerven schrecken und stark reizen. — Doch ich werde in diesem Artikel zu weitläuftig.

bislich alles dasjenige, was Hr. Pomme in ähnlichen Fällen anzurathen pflegt, nemlich, eine Menge erweichende Clystiere, Bäder, und viele warme und versüssende Getränke, Camillen- Ibschemthee und Brühen aus Reis, Gersten- und Habergrüze mit jungen Hünern gemacht, auch die gemeinen schmerzstillenden Sachen alle, und das Opium wurden häufig, aber ohne Wirkung gebraucht: Da aber nach einigen Tagen weder die Gichter noch die Bauchschmerzen nachlassen wollten, rathete man die kalten Clystiere, und zum Trinken eiskaltes Was-

§. 9.

Diese zwo Haupturſachen der meiſten hypochondriſchen oder Nervenkrankheiten, nemlich die allzuſtarke Ausdehnung der Adern im Unterleibe, und

ſer an, weil kein wahres Fieber vorhanden wäre; ſchon vom erſten Clyſtiere verminderte ſich das Uebel merklich, und endlich wurde die Kranke von einem ſehr kurzen Gebrauche derſelben gänzlich von ihrem Uebel befreyt: mit jedem Clyſtier giengen allemal viele Winde ab, und die Schmerzen verminderten ſich allgemach: ein ſtarker Beweis, daß unſer obangebrachte Satz richtig ſeye. Man könnte uns aber hier vorhalten, daß wie dieſe Perſon nach des Hrn. Pomme Vorſchrift nicht lange genug und bis zum Unterſinken in warmem Waſſer gebadet haben, dieſes iſt wahr, aber man betrachte, daß ſie bey den heftigſten Gichtern in keinem Bade länger hätte verbleiben können, und vielleicht den Geiſt aufgegeben hätte, ehe ſie nach dieſer Vorſchrift untergeſunken wäre; nichts deſtoweniger, man muß ſie baden, würde es geheiſſen haben, wenn man ihren Hinſcheid nicht bemerkt hätte, ſo wie es in gewiſſen Spithälern wiederfährt, wo der Arzt ohne weiters eine Reihe von Kranken zu purgieren befiehlt, von denen ſchon einer im Bette wirklich tod liegt, und ein andrer ihme in wenigen Augenbliken nachfolgen wird. Glüklich ſind die, die nicht in eine ſolche Reihe kommen, oder in denſelben ohne Purgaz den Geiſt ſanft aufgeben können!

die abwechselnden Zusammenziehungen und Blähungen des Magens und der Därme, sind insgemein Beysammen, weilen sie fast einen gleichen Ursprung haben: denn wir sehen selten einen sittsamen Men-

Ein noch stärkerer Beweis, daß unser oben angeführte Saz von der Entspannung der Nerven in den Därmen, durch kalte und reizende Clystiere richtig sey, wollen wir dem Hrn. Pomme mit einem zweyten Beyspiele beweisen, obschon wir es eigentlich für sehr überflüßig halten, offenbare Wahrheiten mit Exempeln zu unterstüzen. Ein junger Mensch von etlich und zwanzig Jahren Alters verfiel aus plözlichem Schreken und starkem Grame in eine gänzliche Hirnwuth, bey deren er in der stärksten Winterszeit sich einige Stunden lang ganz nakend der grösten Kälte blosstellte, worauf ihn augenbliklich ein solches Racornissement, nach des Hrn. Pomme Sprache, in allen Theilen seines Leibes überfiel, daß er ganz starr wie ein Stuk Holz ward: der Mund wurde gänzlich verschlossen, daß man ihme einen Zehn heraussprengen mußte, um einige Feuchtigkeit in selbigen zu bringen; auch der Stulgang und der Abgang des Harns eröfneten sich niemals ohne Hülfe der Clystiere und Sonde. In diesem Zustande ward er mir in den Spithal gebracht. Ich versuchte gleich durch wiederholte starke Aderlässen, durch öftere erweichende Clystiere und Aufschläge, und endlich durch erweichende Bäder, in denen ich ihne ganze Tage verbleiben ließ, seine so mächtig geschen, sowohl von weiblich- als männlichem Geschlechte, der, wenn er mit dem Goldaderflusse, oder diese mit einer Unordnung in der monatlichen Zeit geplagt wird, nicht zugleich auch öfters über Blähun-

spannte Fasern zu erweichen, ja ich versuchte auch das aufgelöste Opium in grosser Menge in den Clystieren, weil er nichts hinunterschlucken konnte, dieses alles aber ware unvermögend, in vier Wochen Zeit nur eine der gespannten Fibern zu entspannen. Zu gleicher Zeit äusserte sich der Brand an den Zähen seiner Füsse, welcher eine Folge der ausgestandenen starken Kälte war; ich ward gezwungen ihme viere abschneiden zu lassen: und um dem fernern Zunehmen des Brandes zu widerstehen, der den einen Fuß anzugreifen drohete, verordnete ich ihme stark gekochte Chinarinde in Clystieren, jedes aus vier Unzen Chinarinde in vier Pfunden Wassers bis auf eines eingekocht, und diese Clystiere waren endlich unvermuthet das wahre Mittel, wodurch dieser Märtyrer nicht nur vom Brande, sondern zugleich von seiner Hirnwuth und Racornissement in sehr kurzer Zeit vollkommen befreyet wurde; schon auf das erste eröfnete sich der Mund nach einigen Stunden, daß man mit dem Stiel eines Löffels zwischen die Zähne kommen konnte, und zugleich floß eine schwarzbraune Materie heraus: vom zweyten eröfnete er sich gegen dem folgenden Morgen noch mehr: nach dem dritten konnte er zum ersten male dünne Brühen hinunterschluken, gen, Schwachheiten des Magen, und dergleichen, Plage. Und aus der letzten Ursache muß nothwendig die erstere entweder vermehrt, oder wenn sie noch nicht da ist, erzeuget werden: denn wenn einmal der Magen und die Därme von einer allzusittsamen und allzuweichlichen Lebensart, oder von andern Ursachen, die wir bald bemerken werden, so stark geschwächt worden sipd, daß die Speisen darinn nicht genugsam verdaut, und der erzeugte Schleim und so viele Schärfe nicht geschwinde genug abgetrieben werden, so bringen sie mit dem Nahrungssaft in das Blut, verlangsamern seinen Lauf, insonderheit in den Adern des Bauchs, verstopfen die kleinen Ge-

und nachwärts sahe man mit Verwundrung, wie von einem male zum andern von jedem Clystiere sich alle Theile nach und nach entspanneten, und der ganze Leib wie das Gemüth wieder in ihre natürliche Ordnung kamen. Diese Clystiere waren allemal ganz kalt, wenn sie dem Kranken gegeben wurden. Ob also nur die blosse Kälte des Wassers, oder die besonders stärkende Kraft der Fieberrinde, oder beides zusammen die Ursache einer so ausserordenlichen Wirkung gewesen seye, wollen wir den Hrn. Pomme beurtheilen lassen.

säfte und Drüsen, und reizen an vielen Orten, wo sie sich ansetzen oder auf nervichte Theile fallen können, die Nerven. Hievon entstehen zum Ex. die krampf- und schleimartigen Husten einige Stunden nach genossener Mahlzeit, wenn sich ein Theil des Nahrungssafts mit dem Blute vermenget hat ꝛc.

§. 10.

Ein andrer Fehler, der zur Entkräftung des Magens und der Därme bey den Hof- und Weltleuten oft sehr vieles beyträgt, kommt von ihren allzunährhaften und schwer zu verdauenden Speisen her, die größtentheils nur aus Fleisch und gebakenen Sachen bestehen. Diese Speisen verdauet ein mittelmäßig-starker Magen selten vollkommen, und hiemit ein schwächerer von sittsamen Leuten noch weit minder, sonderlich wenn sie nach der angewohnten Hoflebensart, vom Bett zum Tische, vom Tisch zum Spiel, von diesem wieder zum Tische gehen, und ihre Lebensgeister mit vielem Schwätzen, Nachdenken im Spiele, und langem Wachen erschöpfen, daß der angefüllte Magen dann bey seiner wichtigen und strengen Arbeit nicht die erforderliche Menge bekommt, der vorhandenen Saz von Speisen geschwinde und genugsam verdauen zu können. Ein Bauer, der vom anbrechenden Tage an bis auf den späten Abend, seinen ganzen Leib durch eine seinen Kräften angemessene Arbeit ermüdet, und dadurch seinem Magen ken nöthigen Hunger und Durst nach den natürlichsten Speisen und Trank erwecket, sezet sich des Abends ganz ruhig neben seiner Schüssel nieder, genießt ohne Sorge und Bekümmernis, ohne Verdruß und vieles Nachdenken wie er seinen künftigen Stand an Glük und Ehre erhöhen; oder sich in denen oft geblendeten Augen seines Herrn angenehm machen wolle, seine einfache Mahlzeit mit natürlichem Vergnügen, denn er kennet nichts als das Nöthige zum Leben in der Welt, und mit dem Besize desselben, das ihme selten mangeln kann, schäzet er sich glükhaftig; in solchem Gefühle von reinem Vergnügen und Sorgenlosigkeit schläft er gleich nach genossener Mahlzeit sanft und ruhig ein, und indem alle seine Glieder ruhen, fliessen die überflüßigen Lebensgeister zu seinem Magen hin, daß davon eine vollkommene Dauung und Abſonderung gemacht werden kann; ſein Schlaf bleibt ſanft und angenehm, keine reitzende Bilder in ſeiner Vorſtellungskraft beunruhigen indeſſen ſeine Seele, und kein grober und ezender Nahrungsſaft quälet ſeine Nerven mit angſthaften Träumen. Bey anbrechendem Morgen ſind wirklich die vom vorigen Tage verlornen Kräfte, aus dem gemachten Vorrath eines wohlausgearbeiteten und geſunden Nahrungsſafts reichlich wieder erſezt, daß er mit gleicher Munterkeit des Leibes und Freudigkeit des Geiſtes ſeine bevorſtehende Arbeit verrichten kann, allbieweil hingegen in dem Magen unſrer ſchwächlichen Hof- und Weltleute von einer Mahlzeit zu der andern immerdar ein Saz von ſcharfen, geſaltzten und unverdauten Speiſen zurückbleibt, der nachwerts mit dem Nahrungsſafte in das Blut kömmt, und oft zu unheilbaren Krankheiten den Grund legct.

§. 11.

Was aber die Dauungskräfte des Magens und die Därme in einer noch weit kürzern Zeit, und

überhaupt alle Nerven im ganzen Leibe im höchsten
Grade schwächen und zu einer ausserordenlichen Reizbarkeit bringen kann, daß davon nicht nur gemeine
und leichte hypochondrische und Mutterbeschwerden,
sondern sogar eine fallende Sucht oder sonsten andere
heftige Zukungen und Gichter nebst einer gänzlichen
Auszehrung des Leibes entstehen können, ist ein all-
zuöftrer Beyschlaf, sonderlich gleich nach den Mahlzeiten, wenn die Dauung geschehen soll, oder die
Onanie, die schädliche und verderbliche Lust junger
Leute, womit sie schon in frühem Alter bisweilen
nicht nur alle fast mögliche Nerven- sondern noch andere schwere Krankheiten sich zuziehen, und ihr Leben oft mehr als um die Helfte verkürzen. Ja dieses
unter jungen Leuten am meisten bald allgemein ge-
wordne Uebel sowohl beym weiblichen als männlichen Geschlechte aus allen Ständen, und in den finstern Klöstern sowohl als in den Pallästen des Hofes
ist bey vielen mit hypochondrischen oder Nervenkrankheiten behafteten Leuten in einem höhern Alter oft
mehr als alle sittsame und weichliche Lebensart,

mehr als aller Misbrauch warmer Geträufe, die Hr. Tissot anklaget, und mehr als alle übrige Fehler wider die Ordnung der Natur, die entfernte Ursache derselben. Hievon werden allemal alle Nerven des Leibes in eine gichtrische Bewegung gebracht, plötzlich ausserordentlich angespannt und wieder entspannet, das Blut erhizet und sein Trieb nach wenigen Augenbliken wieder geschwächt. Jedesmal geht eine grössre Menge von Lebensgeistern verlohren, als das Blut in einem ganzen Tage zu verschaffen vermögend ist. Wie soll also wohl ein voller Magen nach einem so beträchtlichen Verlust und Entkräftung im Stande seyn, die Speisen vollkommen zu verdauen, das unreine abzusöndern, und wie sollen die Säfte in einem richtigen Kreislauft, der allein von einem genugsamen Einflusse der Lebensgeister in alle mit Nerven begabte Theile abhanget, erhalten werden können? Müssen also nicht nothwendig von solchen Erschöpfungen alle die ausserordenlichen Ursachen zu den Reizungen der Nerven, die wir oben in dem §. 5. 7. beschrieben haben, und der hohe Grad ihrer Reizbarkeit, durch welchen so leicht die stärksten Gichter und fallende Sucht erzeuget werden können, entstehen; und sind nicht die öftern Erlahmungen der Glieder, fast unheilbare Bauch- und Saamflüsse, Schwachheit und ein gänzlicher Verlust des Gesichts, der Gedächtnis und des Verstandes, so viele traurige Folgen davon? Ich kenne Leute, die schon in ihrem sechszehnten Jahre Alters einem Greise von achtzig Jahren wegen solchen Erschöpfungen ähnlich sahen; sie giengen an Krüken von einem Stule zum andern, und wurden oft durch gichtrische Bewegungen auf ihrer kleinen Reise in dem Zimmer von einem Ele in den andern getrieben; ihre Hände zitterten so stark, daß man ihnen alles Essen und Trinken zum Munde halten mußte; ihr Angesicht war verstellt, runzlicht, blaß und bleyfärbig; der Verstand und alle Sinnen gleichsam stumpf; die leichteste Nahrung verdauten sie mit Mühe, und erbrachen selbige oft mit Ekel; ihr ganzer Leib verzehrte sich nach und nach so stark, daß sie aus Schwachheit ihr Bette nicht mehr verlassen konnten.

ten. Verschiedene andere aus beiderley Geschlechte besorgte ich auch, die aus der nemlichen Ursache sich eine völlige fallende Sucht zugezogen, und davon so sehr gemartert wurden, daß sie oft in einem Tage sieben Anfälle erlitten; andere verfielen in eine tiefe Schwermuth, daß man sie täglich bewachen mußte. Alle, nur einer ausgenommen, der des Nachts bey einem Anfalle der fallenden Sucht aus seinem Bette fiel und in seinem Blut erstikte, erlangten nach und nach wieder ihre vorige Gesundheit und Kräften, so daß einige aus ihnen sich nachwärts verheirathet und Kinder erzeuget haben. Wasfür eine Heilungsart in diesen Umständen anzuwenden seye, wollen wir unten zeigen.

§. 11.

Warum aber so viele Hof- und Weltleute zu diesem Fehler geneigter als gemeine Menschen seyen, wird man leichtlich begreifen, wenn man auf ihre beidseitige Lebensart nur ein wenig Achtung giebt. Jene werden, wie wir es gesehen haben, von Jugend auf mit den allernährhaftesten Speisen, die eine

H

grosse Menge Blut erzeugen, ernährt, geniessen täglich allerley hitzige Getränke, die die Säfte in eine heftige Bewegung bringen und alle Nerven reizen; ihre Vorstellungskraft wird täglich von allerley Exempeln und durch das Lesen gewisser Schriften erhitzet, und endlich fehlet es ihnen selten bey ihrem müßigen Leben an erwünschten Anläßen ihre Begierden zu sättigen. Gemeine und bedürftige Leute hingegen, die stäts in gewissen Sorgen mit Arbeiten für ihren und ihrer Kinder Unterhalt, ihr Leben zubringen müssen, die sich beständig nur mit den gemeinsten aber gesunden Speisen und Trunke ernähren, durch welche ihre nöthige Kräften genugsam erhalten, ihr Blut aber in keine unnatürliche Bewegung, ihre Lebensgeister in keine Unordnung gebracht, und ihre Vorstellungskraft nicht erhitzet wird, die von allen reizenden Anläßen, die sie meistens miskennen, entfernet sind, müssen nothwendig einen weit schwächern Trieb zu solcher Wohllust bey sich fühlen. Nicht daß es die Tugend sey, die sie hierinn mäßiget, nein, sondern bloß ihre Lebensart, die sie in so vielen andern Stüken glüklicher als jene macht. Sehr sittsame Leute bey gemeiner Nahrung und Trank aber sind oftmals diesen Trieben sehr stark unterworfen, welches von der allzustarken Anhäufung des Blutes von den Adern des Unterleibes herkommt, dadurch die Nerven gewisser Theile allzusehr gereizt werden können; und man muß es deswegen nicht allemal der allzuwenigen Leibesbewegung solcher Personen zuschreiben, wenn sie in einem höhern Alter mit allerley schweren Nervenkrankheiten geplagt werden, sondern den Erschöpfungen von dieser Art. Ja wer weis, ob nicht so viele kränkliche und mit vielen Mutter- und hypochondrischen Affekten beladene Personen beiderley Geschlechts in den traurigen Klöstern, in denen sie so oft wider ihren Willen bey einer starken Gesundheit und in frühem Alter eingesperrt werden, zu dieser Classe gehören? Wir bedauern sie zum wenigsten, weil wir glauben, daß sie bey ihrem ehmaligen bürgerlichen und freyen Leben weder von der einten noch andern Ursache in diese Krankheiten verfallen wären. Junge Leute, denen die schädlichen Folgen dieser Sache unbekannt sind, kennen hierbey insgemein keine Schranken, und deswegen folgen sie nur blos den wallenden Trieben ihrer Natur, bis sie fast aufgezehrt sind.

§. 13.

Eine nicht gar seltene Ursache der Verderbnis des Magens und der Därme bey vielen Hof- und Weltleuten ist auch der Misbrauch der vielen Brech- und Purgiermittel, die an den meisten Orten in Frankreich die Hauptverordnungen der Aerzte ausmachen; der Ailhaudischen und Ciroes Purgierpulvern hier nur nicht zu gedenken, die, wie alle übrige Mittel, welche als Hauptmittel wider alle nur mögliche Krankheiten angepriesen werden, ein Gift für viele Menschen sind. Wir misbilligen einen vernünftigen Gebrauch davon in Nothfällen, wo man gezwungen wird abzuführen, gar nicht, nur der Misbrauch ist schädlich, insonderheit für Leute die zarte und sehr empfindliche Nerven haben, weil dadurch die Reizbarkeit des Magens und der Därme noch mehr verstärket wird, so daß zulezt von den allerleichtesten Ursachen krampfartige Zusammenziehungen in selbigen entstehen können. Eine zarte Hoffräulein, die sich des Abends um etwas überessen, und die Nacht mit Wachen und andern Erschöpfungen zugebracht hat, kann am Morgen beym Aufstehen selten von gutem Humor seyn, sie wird über Kopfspannen, Blähungen, Herzklopfen, Unlust zum Essen und Mattigkeit in den Gliedern klagen: Hierauf wird augenblicklich ein Brechmittel verordnet, welches den Magen glücklich ausleeret, daß die Fräulein auf die folgende Nacht schon wieder im Stande ist, eine zweyte kleine Ueberessung zu wagen, die aber hernach nur mit einigen gelinden Purgiermitteln gehoben wird, und so wechseln diese zwey Mittel einander ziemlich oft ab, bis endlich die Schwachheit und Reizbarkeit des Magens und der Därme so stark wird, daß sie weder die leichtesten Speisen mehr, noch im Nothfalle die schwächsten Purgiermittel, ohne dabey heftige Gichter und große Schmerzen zu leiden, ertragen können.

§. 14.

Starke und öftere Blutverlüste schwächen bald auf gleiche Weise wie ein unnatürlicher Gebrauch der Liebe, und die Onanie, alle unsre Nerven, und erwecken in ihnen einen sehr starken Grad von Reizbarkeit. Sie erschöpfen auf einmal das Hirn an einer so starken Menge von Lebensgeistern, daß es für eine geraume Zeit lang ausser Stande ist, allen Theilen des Leibes das nöthige Maaß zu ihren Geschäften zu verschaffen; daher wird der Trieb aller Säfte so stark vermindert, daß das Blut in den rutführenden Adern des Unterleibes, wo es ohnedem langsamer als in andern Theilen fliesset, fast stille steht, und hiemit müssen nothwendig auch alle diejenigen Zufälle, die §. 7. sind angemerkt worden, aus dieser Erschöpfung entstehen. Eine Weibsperson, die in verschiedenen Niederkunften viele Blutverlüste erlitten, oder lange Zeit mit einer allzustarken monatlichen Reinigung geplagt, oder in gewissen Krankheiten durch allzuviele und starke Aderlässen ist geschwächt worden, wird in gewissem Alter, oft erst zehn Jahre hernach, wenn sie darneben schon keine andere beträchtliche Fehler in der Lebensordnung würde begangen haben, mit allerley Nervenaffekten §. =. überfallen werden. Die Empfindlichkeit ihrer Nerven wird hievon so groß, wie ich es oft gesehen habe, daß sie von den leichtesten Ursachen, als zum Ex. von einem kleinen Schrecken, Furcht, und dergleichen, welches alles vorhin gar keinen Eindruk auf sie würde gemacht haben, in die heftigsten Gichter verfallen.

§. 15.

Und so erzeugen endlich alle übrige Erschöpfungen oder starke Verlüste an Lebensgeistern den Anlaß zu allen nur möglichen Nervenkrankheiten, wie zum Exempel vieles Wachen, starke und oft wiederkommende Gemüthsleidenschaften, als Traurigkeit, Gram, Schrecken und Zorn, denen die Hof- und Weltleute mehr als andere Menschen ausgesetzt sind. Große Schrecken und Zorn erzeugen oft plötzlich die stärksten Nervenkrankheiten, wenn sie den Menschen nicht gar töden; Traurigkeit und Gram aber sind ein langsam wütendes Gift, welchem die allerstärksten Menschen nicht widerstehen können. Doch wir wollen hier nicht wiederholen, was wir oben von der Wirkung der Gemüthsaffekten auf unsern Körper schon gesagt haben.

§. 16.

Von dem Misbrauche vieler warmen Getränke, als Thee, Caffee, Chocolate, wässrichter und fetter Brühen, als einer wahren Ursache vieler hypochondrischer Affekten und Nervenkrankheiten, die aber mehr unter dem Bonton in kleinen Städten und Ländern als am Hofe von Frankreich eine herrschende Mode geworden ist, bezeugen wir nur kürzlich, daß die Fasern des Magens dadurch allzusehr erweichet und geschwächt werden, daß endlich darinn die Reizungen §. 7. entstehen müssen. Dieses ist aus unendlichen Erfahrungen bekannt. Wie kann also ein Herr Pomme mit seinem Rathe bey vernünftigen Leuten Beyfall finden, der mit lauter warmen Getränken und erweichenden Bädern alle Vapeurs heilen will, die ihren Ursprung oft nur von blossen

Entspannungen her haben? Hier würden überhaupt kalte Bäder, kalte Clystiere und kalte Speise und Trank weit wirksamer seyn, und dem untrieglichen Lehrsatze unsers ältesten und erfahrensten Lehrers des Hypocratis, der das widerwärtige mit widerwärtigem in der Arzneykunst zu vertreiben befiehlt, besser entsprechen.

§. 17.

Aus allen diesen beschriebenen Hauptursachen des hypochondrischen und hysterischen Uebels oder Nervenkrankheiten sehen wir ganz überzeugend, daß sie gröstentheils in anders nichts als in einer besondern Reizung dieser oder jener Nerven bestehen, und daß durch jede allzustarke Erschöpfung der Lebensgeister und Entspannung der Fasern selbige hervorgebracht werden kann. Aus der Menge und Heftigkeit der Zufälle, mit denen sich diese Krankheit äussert, beurtheilen wir ihre künftige Veränderung, Heilbarkeit und Unheilbarkeit.

§. 18.

In dem leichtesten Grade dieser Krankheit, wo

sich in einem blöden Magen von Ueberessungen eine reizende Unreinigkeit darinn gesammelt, oder nach verschiedenen verdrüßlichen Geschäften und Zorn allzuviele Galle sich darein ergossen, welches genugsam ist, seine Nerven so stark zu reizen, daß viele von denen §. 2. beschriebenen Zufällen davon entstehen können, so hat man anders nichts vonnöthen, als die Materie durch gelind abführende oder Brechmittel auszutreiben, hernach den Magen eine zeitlang zu stärken, alle fette, öhlichte und schwer zu däuende Speisen und alle schlaf machende warme Getränke zu meiden, durch eine mäßige Leibesbewegung die Kräfte beständig genugsam zu unterhalten, und hingegen sorgfältig sich vor allem zu hüten, was die Fibern und Nerven schwächen kann. Ist die reizende Materie mehr im Magen als in den Därmen, welches aus dem vorhandenen Unwillen zum Essen, Spannung oder Aufblähung des Magens, öfterm Gähnen, Schwindel, Uebligkeiten, Unmuth, Herzklopfen und Kopfschmerzen vornen an der Stirn zc. kann erkannt werden, so ist in solchem Umstande ein gelindes Brechmittel, wenn keine andere Leibesgebrechlichkeiten es verbieten, dienlicher, als das Purgieren: Erwachsene Personen können zu dem Ende 15 bis 30 Grane des bekannten Brechwurzelpulvers mit 15 Granen Wermuthsalze vermischt, in laulichtem Wasser einnehmen; sind am folgenden Tage noch Anzeigen vorhanden, daß noch nicht alle Materie vollkommen ausgetrieben worden, so kann man ohne Furcht das gleiche Brechmittel noch einmal einnehmen. Ist hingegen die Materie in den Därmen eingeschlossen, daß davon angstfhafte Spannungen, Aufblähungen im Bauche mit Verstopfungen in selbigem, oder im Gegentheile Bauchflüsse, Zittern und Mattigkeiten in den Gliedern rc. entstehen, so gebe man dem Kranken alsobald einige erweichende Clystiere, und führe hernach etwelche Tage nacheinander mit folgenden oder gleichartigen gelinden Purgiermitteln ab: man nehme nemlich zwo Unzen Tamarinden, eine halbe Unze erlesene Sennetblätter, zwey Quintlein Rhabarber und zwo Unzen Manna, koche es zusammen in zwey Pfunden Wassers bis auf die Helfte ein, seihe es durch ein Stük Leinwand, und löse in dem lautern eine halbe Unze Seignietteſalz und zwo Unzen Purgierroſenſyrup auf, hievon nehme man alsdann morgens nüchtern eine Theeſchale voll und mehr nebſt ein wenig dünner Brühe oder Thee ein. In Form eines Pulfers kann man auf einmal in ſchwachem Thee oder Waſſer 20 Gran fein geſtoſſenes Jalappapulfer, 40 Gran weiſſe Magneſia und 5 bis 8 Gran Diagydium einnehmen. In Form von Pillen 20 Gran von des Crollii Extractum panchymagogum und 5 Gran Scammoniumertrakt daraus 10 Pillen gemacht werden können, die ein mittelmäßig ſtarkes Purgiermittel ausmachen. Oder ſchwächlichen Perſonen können abends Schlafenszeit 3, und morgens nüchtern 4 bis 6 von den Heleriſchen Pillen, jedes zu zweyen Granen ſchwer verordnet werden. Gar zärtliche Leute können ſich zum Abführen des Paracelſi Elixir Proprietatis bedienen, davon ſie eine halbe Stunde vor den Mahlzeiten ein Theelöffel voll in wenig Wein oder Waſſer einnehmen können. Für trokene, gallſüchtige und erhitzte Leibesbeschaffenheiten ist das beschriebene Trank zum Abführen das dienlichste; für flüßige und schleimartige hingegen die übrigen. Sobald die reizenden Unreinigkeiten genugsam abgeführt worden, welches aus dem Nachlaßen der bemerkten Zufälle zu erkennen ist, so laße man den Kranken augenblicklich anfangen, ein angemessenes stärkendes Mittel zu gebrauchen, bis sich die natürlichen Kräften seines Magens vollkommen wieder eingestellt haben: hierfür ist unstreitig die Chinarinde, wenn sie nicht hölzig oder veraltet ist, das beste: ist solche recht gut, so kann man ein Theelöffelchen voll in feines Pulfer zerstoßen, und zweymal im Tage vor den Mahlzeiten in einem Glas mit Waßer einnehmen, ist sie aber sehr hölzig, so laße man zwey Quintlein von dem Extrakt davon in zweyen Unzen von des Hofmanns Visceral-Elixir, oder in Münzenwaßer auflösen und den Kranken davon zwey-bis dreymal im Tage ein Theelöffel voll in wenig spanischem oder griechischem Wein einnehmen, oder den Extrakt in Form von Pillen, zu zweyen Granen schwer,

6 bis 8 morgens, und gleichviel abends gebrauchen: Dieses Mittel purgiert bisweilen in den ersten malen, insonderheit wenn man das Pulver davon im Waſſer einnimmt, sobald es aber keine Unreinigkeiten mehr im Magen und in den Därmen antrift, höret dieſe Wirkung auf, und seine stärkende fangt erst alsdann sich zu ereigen an.

§. 19.

In einem etwas stärkern Grade von Verderbnis des Magens, und wo sich eine eyende Schärfe darinn geſammelt hat, daß davon neben denen iſtbeſchriebenen Zufällen bisweilen noch die allerheftigſten und ſchmerzhafteſten Krämpfe in ſelbigem entſtehen, bey denen der Kranke weder liegen noch ſich aufrecht halten kann, darf man während dem Schmerzen oder Krampfe weder Brech- noch Purgiermittel gebrauchen, ſondern man muß ihne zuerſt mit einem beſänftigenden Mittel ſtillen: das wirkſamſte in dieſem Fall iſt des Sydenhams Landanum liquidum, wovon der Kranke auf einmal 15 bis 20 Tropfen in Zimmet- oder Münzenwaſſer, das mit Wein zubereitet

worden, einnehmen kann: höret er nach einigen
Stunden nicht gänzlich auf, oder kommt er wieder,
so wiederhole man noch einmal das gleiche Mittel,
und eröfne den Stuhlgang mit einem erweichenden
Clystiere *. Am folgenden Tage darauf, wenn aller Schmerz und Krampf verschwunden, führe man
alsdann einige Tage nacheinander mit dem in vorigen §. beschriebenen Trank ab; und wenn wegen
allzustarker Empfindlichkeit des Magens durch das
Abführen ein neuer Anfall von Schmerzen in *sel*

---

* In Ansehung der Verstopfung des Stuhlgangs,
mit deme die meisten hypochondrischen Personen
geplaget sind, müssen wir hier kürzlich melden,
daß oft dieser Fehler ihnen endlich zur Natur
wird, und noch anhält, nachdeme sie von ihrem
Hauptübel befreyt worden. Man bezwingt ihn
aber zuletzt doch vermittelst der Lebensordnung
S. 18. und indessen kann man immer, wenn es
die Noth erfordert, die erweichenden Clystiere
zu Hülfe nehmen, oder die Eröfnung durch
zwey oder drey Bekerische Pillen, die man je am
andern Tage schlafensgeit einnehmen kann, befördern: ja auch das Reiben des Bauches mit
warmen Tüchern morgens nüchtern dienet hie-
zu, weilen dadurch eine mehrere Feuchtigkeit in
die Därme getrieben wird.

gen sollte erregt werden, welches bisweilen geschieht, so nehme man unverzüglich wieder seine Zuflucht zu dem Landanum liquidum. Nach diesem werden die stärkenden Mittel nach der Vorschrift des unvergleichlichen Sydenhams mit grossem Nutzen gebraucht; oft ist der blosse Extract der Chinarinde in des Hofmanns Visceral-Elixir aufgelöst, so wie wir ihne im vorigen §. angerathen haben, zureichend genug, bey der zugleich angezeigten Lebensart den Magen wieder zu solchen Kräften zu bringen, daß er keine solche krampfartige und schmerzhafte Zusammenziehungen mehr auszustehen hat. Ist dieses alleine aber nicht vermögend solches zu bewirken, so nehme man das Elixir gleich vor den Mahlzeiten ein, und hingegen morgens nüchtern, und abends, wenn die Dauung vorbey, ein Theelöffelchen voll folgender Latwerge, nebst einer Theeschale mit Sabinenthee: man nehme nemlich vier Unzen Pomeranzenlatwerge so aus der Schale verfertiget, eingemachte Muskatnüsse und Ingwer, von jedem eine halbe Unze, von dem allerfeinsten und besten Chinapulfer wasser eine Unze, Eisenstaub gleichviel, Zimmetpulfer zwey Quintlein, und Pomeranzensyrup so viel es nötbig ist, um aus allem zusammen eine nicht allzudünne Latwerge zu machen. Herr Pomme mag lange in diesen wie in andern Vapeurs diesen Arzneymitteln ihre Tugend und Heilungskraft absprechen, und selbige nur seinen warmen Bädern und erweichenden Getränken zuschreiben, so kann ich ihne doch aus eigener langen Erfahrung versichern, daß es mir noch allemal gelungen, selbige damit zu heilen, in sofern der Kranke dabey eine vernünftige Lebensart beobachtet hat. Und diese ist die gleiche, die wir im vorigen §. angerathen haben.

§. 20.

Hat aber die Verderbnis des Magens und der Därme schon so lange gedauert, daß davon eine Menge Schleim und Schärfe in das Blut gedrungen, und dadurch in vielen Gefässen des Unterleibs die Anlage zu ihren vielfältigen Ausdehnungen §. 11. entstanden, die Säfte scharf und reizend gemacht, und viele kleine Gefässe und Drüsen verstopft worden sind, so müssen wir uns erstlich bemühn, die Säfte zu reinigen, zu verbessern, und zweytens das in den innern Theilen allzusehr angehäufte Blut, von welchem so viele Nerven gereizt werden, wieder in die äussere Haut und entfernten Theile zu ziehn, hernach dann werden die gleichen stärkenden Mittel, und Lebensordnung §. 19. eine erwünschte Wirkung thun, in sofern das Uebel wegen allzulanger Dauer §. 6. nicht unheilbar geworden ist; wenigstens werden sie es doch auch in diesem Falle merklich besänftigen. Die Reinigung und Verbeßrung der Säfte kann zu gleicher Zeit, vermittelst einer reinen und leichten Nahrung und einem auflösenden und versüssenden Getränke gemacht werden. Wie vorhin die meiste Nahrung und Trank solcher Personen nur in Fleisch und vielem hitzigen Jus, stark gewürzten und gesalzenen Speisen, starken Weinen und Liqueurs bestanden, woraus endlich bey ihrer übrigen unnatürlichen Lebensart ein grosser Ueberfluß von Schleim, Galle und verschiedenen Schärfen hat erzeuget werden müssen, muß sie hingegen izund das Gegentheil ausmachen, wenn wir eine glückliche Heilung hoffen sollen. Hierbey leidet aber der Kranke eine zeitlang fast eben so viel von seinem Uebel, weilen man mit den erforderlichen Hauptmitteln die Quelle desselben noch nicht angreifen darf, da es aber der sicherste Weg zu seiner Genesung ist, so muß er sich mit Standhaftigkeit dieser Ordnung unterwerfen. Man gebe also dem Kranken einige Tage nacheinander, bis der Magen und die Därme rein geworden, eines der in. §. 18. angerathenen oder ein ander bekanntes und gelindes Purgiermittel ein, und lasse ihn für seine tägliche Nahrung anders nichts genieſſen, als morgens nüchtern eine Brühe von jungen Hünern und Kalbfleisch mit Reis oder Gerste gemacht, worinn ein wenig weisses Brod gekocht werden kann; zwischen dem Frühstück und dem Mittagessen, und abends vor Sonnen Untergang soll er sich eine mäßige Leibesbewegung zu Pferde, welches die beste ist, oder in Kutschen, oder auch zu Fusse verschaffen, oder, im Fall dieses nicht seyn könnte, mit gewissen leichten Arbeiten, die die meisten Muskeln des Leibes in Bewegung bringen, als zum Er. durch das Abreiben der Tische, der Gehalte und Stühlen in einem Zimmer, welches der grosse Rath des unbegreiflich glücklichen Tronchins in seiner ersten Erscheinung zu Paris wäre, sich mäßig beschäftigen. Bey dem Mittagessen kann der Kranke eine gleiche Brühe, nebst etwas wenigem weissem und gebratenem Fleische von gebratenen zarten oder in Wasser und Salz abgekochten Fischen, und leichtem Gartenzeuge in Fleischbrühen gekocht, oder auch etwas von gekochten Baumfrüchten geniessen. Nach genossener Mahlzeit soll er sich stille halten, und weder den Leib noch den Geist mit Arbeit und Nachdenken stark beschäftigen, bis die Dauung vollkommen gemacht ist. Beym Nachtessen geniesse er wiedermalen seine Brühe nebst etwas wenigem Gartenzeuge, und lege sich zeitlich zu Bette nieder, damit er seine genossene Speisen desto ruhiger und vollkommener dauen könne. Sein tägliches Getränke sey kaltes Selzer- oder Pfeffers- oder unser Weissenburgwasser, oder eine sehr leichte Ptisane von Chinawurzel und Saffeparil gemacht, aber ein gemeines Waſſer, darinn ein groſſes Stük Eiſen einige male glühend iſt abgekühlt worden; oder auch eine reine Milchſchotte, wenn ſie der Magen annehmen will. Damit aber ein ſolcher Kranker bey dieſer neuen Lebensart, ſonderlich wenn er vorhin an eine ſehr hizige Nahrung und Trank gewohnt geweſen iſt, nicht in Blödigkeiten verfalle, ſo gebe man ihme, wenn es die Umſtände erfordern, zwiſchen den Mahlzeiten einige Löffel voll ſpaniſchen oder griechiſchen Wein ein, wodurch ſein Magen zugleich zu der künftigen Dauung deſto mehr aufgemuntert wird. Beym Aufwachen am Morgen ſoll er allezeit einige Stunden vorher, ehe er ſeine Brühe genieſſet, ſich mit eben angerathenem Getränke genugſam anfeuchten, um den Magen beſtändig in einer behörigen Reinigkeit zu erhalten, damit die Nahrung darinn ſich mit keinen fremden und unnüzen Theilen vermengen und das Blut hernach beſchweren könne. Nachdeme der Kranke eine genugſame Zeit lang dieſe Lebensordnung genau wird befolget haben, daß man hoffen kann, ſeine Säfte seyen von dem vielen Schleim gereiniget, erdünnert, und von der vielen Schärfe, die bey seiner erstern Lebensart in selbigen ist erzeuget worden, befreyt, so schreite man alsdann zu dem zweyten Vorbereitungstheile unsrer Heilungsart über, welcher in einem mäßigen Gebrauche der Bäder besteht, sowohl in warmen als kalten: nicht daß wir hierdurch, wie Hr. Pomme glaubt, die wahre Ursache dieses Uebels, die immerdar von einer Schwachheit und Entkräftung gewisser fasrichter Theile und Nerven bekommt, haben wollen, sie sind nur eine Beyhülse, wie die kalten und warmen Clystiere §. 29. indeme sie sowohl durch ihre stärkere Wärme als die innere Wärme im Leibe ist, oder durch ihre so sehr reizende plötzliche Kälte das Blut in doppeltem Maße aus den innern Blutgefäßen, die damit sehr beläßiget sind, in die aussern der Haut losen, so daß die innern Raum genug gewinnen, sich allgemach wieder in ihre natürliche Ausdehnung zusammenzuziehen. Von dieser Wirkung und Wahrheit kann sich jedermann sowohl Winters- als Sommerszeit leichtlich überzeugen: fühlt er im Winter bey einer mittelmäſſigen Wärme in ſeinem Zimmer an Händen und Füſſen eine ſtarke Kälte, daß er dabey leidet, ſo waſche er ſie nur einige Augenblike mit eiskaltem Waſſer, ſo wird er gleich für etliche Stunden lang mehr Wärme daran verſpühren, als kein Feuer in der gleichen Zeit ihme zu verſchaffen vermögend geweſen wäre. Im Sommer, wenn die äuſſere Luft genugſam erwärmet iſt, kann man alſo einen ſolchen Kranken in kaltem Waſſer, es ſeye in flieſſendem Quellwaſſer oder in geruhetem, wie in kleinen Seen, welches etwas minder kalt iſt, einige Minuten lang morgens nüchtern und abends nach vollendeter Dauung der Mittagsmahlzeit baden laſſen; nach dem Bade aber ſoll er zu Fuſſe zum wenigſten eine halbe Stunde ſich rechtſchaffen bewegen, damit dadurch das Blut nicht ſogleich wieder von den äuſſern Theilen auf die innern, die ſich an Kräften noch nicht erholt haben, ſondern in den ganzen übrigen Leib getrieben werde. Man könnte aber auch Winterszeit, wenn unſere Natur, in dieſen Krankheiten fürnemlich, nicht einen gewissen Widerwillen vor jeder ungewohnten Kälte hegte, das gleiche thun, um desto geschwinder seinen verlangten Zwek dadurch zu erhalten; da man aber hiefür etwas rußisch oder englisch seyn muß, so erwähle man lieber die warmen Bäder, sie müssen aber ganz warm und nicht laulicht seyn, damit das Blut desto kräftiger in die Haut gezogen werde. Daß aber die Ausdünstung der Haut, die von den warmen Bädern fast augenbliklich hervorgebracht und in einen Schweis verwandelt wird, nicht plözlich durch die äussere kalte Luft gehemmet und zurükgetrieben werde, welches sehr gefährlich ist, so habe er sich allemal in einem wohlverschlossenen und warmen Zimmer, gehe aus dem Bad gleich in ein warmes Bett für eine Stunde lang, damit die Ausdünstung der Haut genugsam anhalten könne. Hernach reibe er sich selbst den Bauch mit Flanelle, um dadurch das Blut destomehr in den äussern Theilen anzuhalten, die Därme zu erschüttern und den Kreislauf der Säfte im Unterleibe besser zu befördern, auf diesesbin kann er alsdann ausfahren, reiten, oder bey guter Witterung, wie im Sommer, spazieren. In Ansehung der Nahrung und Tranks bleibt es immerdar bey der ersten Verordnung und Mäßigkeit. Mit dem Baden haltet man ungefehr 15 bis 20 Tage an, bis die Empfindungen des Uebels allgemach anfangen sich zu vermindern; alsdann ist es die rechte Zeit, angemessene stärkende Mittel zu gebrauchen, um auf der einen Seite dem Magen seine Dauungskräfte, auf der andern aber, die in den Eingeweiden allzusehr ausgedehnt wordenen Blutgefäße damit wieder in ihren natürlichen Zustand zu bringen. Was ich in diesem Umstande am dienlichsten gefunden, ware ein Trank aus Chinarinde, da drey Unzen Pulfer in dreyen Pfunden Wasser mit zwey Quintlein Zimmet, bis auf die Helfte eingekocht worden; davon der Kranke täglich 3 bis 4mal eine Theeschale voll einnahm. Mit diesem Mittel, mit der gleichen Lebensordnung, und Fahren oder Reiten, hielte ich oft 30 bis 40 Tage lang an, obschon der Kranke von seinem Uebel nicht das geringste mehr empfand; ja auch das Baden ließe ich ihne alle 4 oder 5 Tage einmal wiederholen; und obschon der Kranke gänzlich wieder genesen wäre, rathete ich ihme dennoch an, eine geraume Zeit lang, wenigstens 2 bis 3 mal in der Woche, bey den Mahlzeiten von des Hofmanns Elixier mit der China, (S. 18.) einzunehmen, beständig alle fette, öhlichte, schwerdauige, scharfe, allzuhitzige Speisen und Trank zu meiden, sich vor heftigen Leidenschaften des Gemüths, und allem was seinen Leib schwächen kann, zu hüten, in der Ruhe und Bewegung sich allzeit mäßig zu verhalten, und bisweilen sich kalt zu baden, um dadurch seine Nerven wider alle einschleichende Trägheit zu schüzen und aufzumuntern.

§. 21.

Sollte aber wider alles Vermuthen der Gebrauch des Chinatranks nicht vermögend seyn, den geschwächten Nerven ihre gehörige Kraft wieder zu geben, so lasse man den Kranken dabey morgens nüchtern, soviel er ohne Zwang und Widerwillen es thun kann, einen Eisen-haltenden Sauerbrunnen, als zum Erdas Schwalbacher- Spaa- Pirmonter- Sauerliner-Wasser, langsam und fast trinken, oder anstatt dessen, ihne mit jedem Glas voll Chinatrank, ein Theelöffelchen voll von der Latwerge (§. 19.) einnehmen; oder 3 bis 4 Pillen zu zweyen Granen schwer, aus dem eingekochten Saft von Carbobenedikten, Bieberklee, Wermuthkraut und Eisenstaub gemacht, daß sie aus dreyen Theilen Eisen, und einem Theile Saft bestehen. Wie nützlich und würksam das Eisen mit bittern Sachen vermischt, in vielen Nervenkrankheiten, nach einer vorhergegangenen vernünftigen Zubereitung des Leibes seye, hat uns ebenfalls der grosse Sydenham, nach seiner langen Erfahrung deutlich gezeiget: und eben hier in diesem Umstande muß dieses Mittel, insonderheit bey Weibspersonen, die zugleich mit Verstopfungen ihrer monatlichen Reinigung sind geplagt worden, von grossem Nutzen seyn, weil es sie in eine bessere Ordnung bringt. Auf gleiche Weise heilet man auch diejenigen hypochondrischen Uebel und Nervenkrankheiten, die nur von einer bloßen Ausdehnung der Adern des Unterleibes und bey einer allzusittsamen Lebensart erzeugt worden, insofern sie nicht kropfartig geworden sind, und ihre zusammenziehende Kraft nicht gänzlich verloh-ren haben.

§. 24.

Aber eine weit ausgedehntere Heilungsart erfordern diejenigen Nervenkrankheiten, die von einer allgemeinen ausserordentlichen Reizbarkeit der Nerven des ganzen Leibes herkommen, und die auf vorhergegangene Erschöpfungen der Lebensgeister, (S. 11. 14.) erfolget sind. Sie beruhet auch auf folgenden Hauptstüken: Erstlich, daß man die scharfe und allzustark aufgelöst wordenen Säfte reinige und verbessere; zweytens, daß man dem Kranken den Verlust der Lebensgeister nach und nach mit immer stärkerer Nahrung ersetze; drittens, daß alldieweilen die Nerven noch nicht den erforderlichen Grad der Stärke erlanget haben, man durch dienliche Mittel die heftigsten Anfälle des Uebels zu vermindern suche, weil jeder frische Anfall die Nerven immer mehr ſchwächet; viertens, daß man nach Graden zur Stärkung der Nerven und Fajern ſchreite; und fünftens, daß der Kranke lange genug die genaueſte Lebensart in allen Stücken beobachte, und ſogar die allergeringſten Anläſſe zu neuen Entkräftungen meide. Er muß gleichſam auf ein neues, wie ein Kind anwachſen, und zu natürlichen Kräften geführt werden.

Erſtes Stük: Wenn man betrachtet, wie oft junge Leute, wegen den allzuſtarken Erſchöpfungen und dem Mißbrauch ſo vieler hizigen Nahrung und Tranks, (S. 11.) in frühem Alter mit einer tödlichen Dörrſucht oder Auszehrung überfallen werden, ſo wird man keine Urſache haben, an der Schärfigkeit ihrer Säfte zu zweifeln, die ſo viele Nerven reizen und allen neuen Nährungsſaft, aus welchem die friſchen Lebensgeiſter erzeugt werden ſollen, verderben können. In dieſem Umſtande habe ich dem Kranken für ſein tägliches Trank, nichts anders als Pfeffer- oder unſer Weiſſenburger-Waſſer, welches laulicht hervorquellende reine und über Mohnmilch fliessende Wasser sind, gebrauchen lassen, insonderheit am Morgen nüchtern und laulicht, wie sie aus der Quelle fliessen. Falls man aber diese Wasser nicht haben könnte, so bediene man sich des Selzerwassers mit einem vierten oder fünften Theile Esels- oder einer wohl verschäumten Kuhmilch vermischt, zum Frühstülen, und im Tage ohne Milch, oder einer leicht gefärbten Ptisane aus Chinawurzel, Sassaparillen und Graswurzel gemacht: ja auch eine leichte oder destillirte Milchschotte, dienet oft zu unserm Zwecke, doch habe ich die ersten Wasser für das würksamste befunden; insonderheit, wenn der Kranke sie bey der Quelle selbsten hat trinken, und sich täglich einige Stunden darinne baden können. Diese Getränke und Bäder sind das beste Reinigungsmittel in diesem Umstande, weil sie den Leib nicht schwächen, noch erhizen, und die Schärfigkeiten durch den Harn und eine gelinde Ausdünstung austreiben. Zu gleicher Zeit aber, da die scharfen Theile im Blute vermindert werden, muß der Kranke anfangen selbige mit leichten und balsamischen zu erseten, welches von einer angemessenen Nahrung abhanget; ein allzustarkes und hitziges Jus von Fleische wäre für seine Kräften eben so nachtheilig und zu stark, als die Milch einer alten Säugamme einem neugebornen Kinde, weil es seine zur Entzündung so sehr gereizten Säfte noch mehr erhizen, und die empfindlichen Nerven heftig reizen würde, und die geringste schwerdauige Speise würde ehender im Magen faulen und dem Blute neue Schärfigkeiten dadurch zubringen als gehörig ausgearbeitet werden. An den Orten, wo man Schildkröte haben kann, lasse man daraus dem Kranken mit einem gleich starken Zusaze von jungen Hünern Brühen machen, die nur leichtlich gesalzen seyen, und in denen ein wenig weisses Brod gekocht wird, und diese Brühen sollen eine Zeitlang zu drey bis vier malen im Tage, nebst etwas wenigem Gartenzeuge in Fleischbrühen abgekocht, gebratenen Fischen und gekochten Baumfrüchten seine ganze Nahrung ausmachen. Aber un=eacht einer so schwachen Nahrung, muß man den Kranken dennoch zu einer genugsamen Leibesbewegung täglich anstrengen, weil sie das natürlichste Mittel ist, durch das die geschwächten Fibern gestärkt, und die Säfte in einem richtigen Laufe und Austheilung erhalten werden können, das Reiten und Fahren ist hier die beste, insofern sie mit Mäßigkeit gebraucht wird. Wenn endlich durch diese Mittel die Säfte des Kranken genugsam gereiniget und verbessert worden sind, so fängt er allgemach an seine Nahrung stärker und nahrhafter zu machen; anstatt aus Schildkröten-Fleische und jungen Hünern seine Brühen zu machen, macht er sie aus Kalbfleisch, Hünern und Rindfleisch, und genießt bey dem Mittagsessen ein wenig weißes Fleisch bey seinem Zugemüse; zuletzt verstärkt er sie mit noch stärkerem Fleische, von Perdris, Fasanen, Rebhünern und Krebsen, die halb so kräftig als das Fleisch der Vipern sind, und indem hierdurch seine Lebensgeister sich vermehren, vermehrt er auf der andern Seite täglich die Kräften der festen Theilen durch mehrere Leibesbewegung. In Ansehung des täglichen Getränks soll er beständig bey der ersten Verordnung bleiben.

Belangend das dritte Stük, so müssen wir nothwendig den verschiedenen Ausbrüchen dieses Uebels, als zum Er. den Gichtern, der fallenden Sücht ꝛc. mit einigen besänftigenden Mitteln, so viel möglich, indessen vorbauen, bis die erforderlichen Kräften und Ordnung der Säfte wieder hergestellet sind. In solchen Umständen ist oft der Biesam zu 5 bis 8 Granen, ein- bis zweymal im Tage eingenommen, oder in Clystieren, eins der wirksamsten Mitteln; auch der Hirschhorngeist besänftiget bisweilen die heftigsten Gichter, wenn man dem Kranken 15 bis 20 Tropfen in wenig Wasser eingiebt. Obschon aber diese Mittel die Lebensgeister sehr besänftigen, so mißrathen wir doch den allzuöftern Gebrauch davon, ehe die Säfte genugsam gereiniget und verbessert worden sind; so wie alle die hizigen Mittel, die wider die von der Onanie erzeugt werdene Krankheiten von vielen, ohne vorhergemachte genugsame Verbesserung des Bluts, zur Stärkung der Nerven alsobald angerathen werden, sie thun das gleiche, was bey einem jungen Kinde ein starker Gebrauch eines hitzigen Weins thun wirde. Man erhalte ihnen durch erweichende Clystiere täglich den Leib offen, und befördere die Ausdünstung der Haut von Zeit zu Zeit mit warmen Bädern, wodurch das Blut von den obern Theilen in die untern gezogen, und das Hirn minder gereizt wird.

Nachdem endlich alle Säfte eines solchen Kranken gleichsam erneuert und vollkommen gereiniget worden sind, daß dadurch das Uebel würklich um etwas in seiner Heftigkeit nachläßt, so fangt man alsdann an, auch auf die festen Theile mit stärkenden Mitteln zu arbeiten, damit ihnen ihre allzustarke Empfindlichkeit benommen und sie mächtig genug gemacht werden, dem unordentlichen Einflusse der Lebensgeister widerstehen zu können. Damit aber die Fibern des Magens nicht plözlich allzusehr von den stärkenden Mitteln zusammengezogen und das Blut in eine Wallung gebracht werde, so erwehle man für das erste nur des Hofmanns Viscerelelixir, von welchem der Kranke einige Tage nacheinander vor den Mahlzeiten ein Theelöffel voll in wenig

Waſſer einnehmen kann, hernach gebrauche man
es mit dem Extract der Chinarinde §. 18. ungefehr
14 Tage lang in wenig ſpaniſchem Wein, und beybey
noch das Trank §. 20. Endlich gebraucht er die
ſtärkende Latwerge mit dem Eiſen §. 19. morgens
nüchtern, nachmittage um 4 Uhr und Abends um
9 Uhr, jedesmal ein Theelöffel voll, nebſt einem
Glas voll von der Ptiſane, oder Chinatrank, anſtatt
dem Elixier. Weil aber auch die kalten Bäder
zur Stärkung der Nerven dienen, ſo ſoll ſie der
Kranke, nachdem ſeine Kräften ſich wirklich merklich
werden vermehrt haben, derſelben, wo nicht
täglich, doch zum wenigſten etwelche male in der
Woche bedienen, und zum öftern bey nüchtern Magen
reiten oder fahren, oder ſeinen Leib mit angemeſſenem
Arbeiten beſchäftigen. Falls nach einem
langen Gebrauche der Chinarinde mit dem Eiſen
und der leichten nährhaften Speiſen, dennoch eine
Schwachheit oder ſtarke Empfindlichkeit in den Nerven
übrig bliebe, kann der Kranke eine zweyte Cur
mit Spaa- Schwalbacher- oder Piemonterwaſſer

im Sommer vornehmen, aber dabey nehme er nichts destoweniger täglich ein- oder zweymal nach getrunkenem Waſſer, und abends nach der Dauung von den Chinapillen §. 18. ein.

Nachdem endlich der Kranke vollkommen wieder geneſen iſt, vermindert er allgemach den Gebrauch der allzuſtarken Nahrung von Fleiſche, und genießt hingegen mehr Gartenzeug und gekochte Baumfrüchte, und meidet ſorgfältig alles dasjenige, was wir §. 20. verboten haben. Bey den Mahlzeiten kann ein wenig Wein mit Waſſer vermiſcht zugelaſſen werden.

§. 22.

Wir ſehen oft Leute, inſonderheit unter den Weibsperſonen, die von Jugend auf, theils wegen einer ererbten, theils aber wegen einer allzuärtlichen Auferziehung, mit einer ſo auſſerordentlichen Reizbarkeit der Nerven behaftet ſind, daß ungeachtet ſie weder mit den Ausdehnungen der Adern im Unterleibe, noch mit Blähungen der Därme merklich geplaget ſind, und viele ſogar eine vollkommeine Gesundheit genieſſen, von den geringſten Urſachen in Gichter, Ohnmachten und Uebligkeiten verfallen, ſich von den leichteſten Leibesbewegungen ganz entkräftet befinden, wenn ſie nur wenig von ihrer angewohnten Lebensart abweichen, mit allerley Beſchwerden überfallen werden. Ein ſolcher Zuſtand, wenn er verbeſſert werden ſoll, erfordert ebenfalls, daß man ſich nach und nach an eine mehrere und ſtärkere Leibesbewegung, und an die Abwechſlungen der äuſſern Luft gewöhne, bisweilen die kalten Bäder gebrauche, und eine geraume Zeitlang ſich täglich der Chinarinde mit Eiſen, ja auch der eben bemeldten Sauerwaſſern bediene, welches mehr als aller Bibergeill, Galbanum, Aſſa fœtida, Hirſchhorngeiſt ꝛc. machen wird.

§. 14.

Ich könnte hier in der Beſchreibung von der Heilungsart der Nervenkrankheiten viel weitläuftiger und umſtändlicher ſeyn; weil ich mir aber vorgenommen habe nur die Haupturſachen derſelben zu berühren, die aus der unnatürlichen Aufreitzes hung und der Lebensart der Hof- und Weltleute herflieſſen, und mein ganzes Buch mehr eine Predigt, als eine medicinische Abhandlung iſt, ſo finde ich es für überflüſig, das übrige hier zu bemerken. Ja auch die andern Krankheiten, die aus der gleichen Hauptquelle entſpringen, werde ich mehrentheils auf gleiche Weiſe behandeln, und nur das nöthige dabey bemerken, weil ſowohl ihre Urſachen als ihre verſchiedenen Heilungsarten, jedem erfahrnen oder wohl beleſenem Arzte, bekannt ſeyn müſſen.

Von den fliegenden Schmerzen, Gliederſucht und Podagra.

§. 1.

Obſchon dieſe Krankheiten dem Namen nach etwas ſehr verſchiedenes zu ſeyn ſcheinen, ſo haben ſie doch in Anſehung ihrer Natur ziemlich viel unter sich gemein. Die fliegenden Schmerzen, die bisweilen von einer plöglichen Unterdrukung der Ausdünstung und Schweisses der Haut, mit einem leichten Anfall von Fieber entstehen, und wovon diese oder jene Muskeln schmerzhaft beläßiget werden, daß sie sich bisweilen einige Tage und Wochen lang nicht zusammenziehen können, kommen hingegen auch, ja die meisten male, von einer scharfen, gesalzenen und mit zähem Schleime vermengten Materie her, die sich in den kleinen lymphatischen Gefässen der Muskeln festsezet, und die Nerven reizet. So lange nun die muskulosen Theile von dieser Materie angegriffen oder gereizt werden, und leichtlich von einem in den andern gehet, heisset man das Uebel nur Rhumatisme, oder fliegender Schmerz, dringt sie aber in die Gelenke, in die kleinen Gefässe der Beinhaut und Sehnen derselben, daß darinn eine Steifigkeit und heftig reizender Schmerz entstehet, so nennet man dieses Gliedersucht, und in den Zähen der Füsse Podagra.

§. 2.

Die erste Gattung von Rhumatismo, der nur zufälliger Weise von der äussern Luft entstanden, ist selten gefährlich, und vergehet insgemein nach wenigen Tagen, wenn der Kranke an einer gelinden Wärme sich still haltet, den Schweiß durch genugsames laulichtes Getränk von Holterthee, Citronenptisane, oder etwas gleichartigem befördert, den schmerzhaften Ort mit einem warmen Tuche oder Flanelle bisweilen reiben läßt, und dabey einige Tage lang weder Wein noch Fleisch genießt. Von weit mehrerer Wichtigkeit aber sind diejenigen rhumatischen Schmerzen, die ihren Ursprung von jenen her haben, obschon sie bisweilen minder schmerzhaft als die erstern sind; und selten wird ein Mensch, der bauxt in einem gewissen Alter am Ende des Winters zu Zeiten überfallen wird, in einem hohern Alter von der wahren Gliedersucht, oder Podagra frey bleiben; sie sind die traurigen Vorboten dieses häßlichen Uebels.

§. 3.

Wenn wir die vielfältigen Ursachen betrachten, welche bey den Hof- und Weltleuten die Dauungskräften ihres Magens schwächen, und ihre Säfte verderben können, so werden wir leichtlich begreifen, warum diese Krankheiten unter ihnen weit gemeiner als unter andern Leuten seyen, unter den Bauern und Arbeitsleuten zum Ex. Die Betrachtung, die wir im §. 10. von den Nervenkrankheiten gemacht haben, gehöret auch hierher, denn die gleichen Schärfigkeiten, die dieselben erzeugen können, erzeugen auch die Gliedersucht und Podagra, wenn sie endlich in die kleinsten Gefäße der Gelenke kommen und darinnen fest gehalten werden. Rhümatische Schmerzen von der ersten Gattung bekommen gemeine Weibsleute bisweilen, aber eine Gliedersucht und Podagra kennen die wenigsten.

§. 4.

Ein Rhümatisme, der von innerlichen Schärfigkeiten herkommt, der sich aber nicht oftmals an einem Menschen noch geäussert hat, kann vollkom-

men vertrieben werden, insofern er seine bisdahin
geführte Lebensart verändert, das Blut eine Zeitlang vermittelst einem täglichen Gebrauche einer Ptisane aus Grasmurzel, Chinawurzel, Saffaparille
und Süßholz gemacht, reiniget, zum Frühstülen
sich eines auflösenden Thees von Wasserknoblauch und
Chamenderlikraut bedienet, bey den Mahlzeiten
nur einige Löffel voll spanischen Weins zur Stärkung des Magens genießet, leichte, nicht fette noch
ölige, noch scharfe und schwerdauige, oder allzu
hitzige Speisen, sondern größtentheils nur weisses
gebratenes Fleisch und in Wasser abgekochte Fische,
süsses und mit frischen Fleischbrühen zubereitetes
Gartenzeug und gekochte Baumfrüchte zu seiner täglichen Nahrung erwehlet, seinen Leib wider plötzliche Erkältungen bewahret, alle Anlässe zu Gemüthsunruhen und Entkräftungen sorgfältig meidet, und sich täglich eine angemessene Leibesbewegung verschaffet, bey deren seine Säfte in ihrem
natürlichen Kreislaufe erhalten, die festen Theile
an Kräften vermehret, und die unnützen durch den

Schweiß, Harn und Stuhlgang genugsam abgesondert werden können. Sehr vollblütige Leute, die vorhin an das Aderlassen gewohnt waren, thun wohl, wenn sie vor einbrechendem Winter es nicht unterlassen, aber niemals soll die Aderlässe zu stark seyn, und jedesmal muß sie um etwas schwächer gemacht werden, damit man sich endlich davon ohne Gefahr entwöhnen könne; und diejenigen, die von Jugend auf ziemlich schlappe Nerven, und deswegen mehr schleimichte Feuchtigkeiten als andere bey sich haben, sollen sich Frühlings- und Herbstzeit einige Tage lang mit einem gelinden Purgiermittel §. 18. von den Nervenkrankheiten, reinigen. Ferner wird man wohl thun sich Sommerszeit in laulichtem Wasser bisweilen zu baden, damit die Haut von denen im Winter darauf gesammelten Unreinigkeiten gereiniget, die Schweißlöcher eröfnet, und die Ausdünstung derselben wohl erhalten werde. Wer diese natürliche Lebensordnung genau befolgen wird, kann versichert seyn, daß er in einem höhern Alter weder mit Gliedersucht noch Podagra, noch mit vielen andern Uebeln wird gequälet werden.

§. 5.

Es gehet oft sehr lange, ehe sich eine rhumatische Schärfigkeit in den kleinen Gefäßen der Gelenke festsetzet, und wenn sie sich schon in eines setzet, so gehet sie doch bisweilen aus demselben in andere, daher hat man diesem Schmerz den Namen fliegende Gliedersucht gegeben. In Ansehung der Gelenke, die sie einnimmt, hat sie von den Alten verschiedene Benennungen bekommen, als zum Ex. in den Hüftgelenken malum ischiadicum, in dem großen Zähen des Fusses Podagra ic. welches aber alles nur eine Hauptkrankheit ausmacht, die, wie wir schon oben bemerkt haben, von einer scharfen, bald sauren, bald gellichten oder gesalzenen Materie herkommt, und bisweilen von den Eltern erebt wird. Sie fällt den Menschen selten im Sommer, sondern gewöhnlich im Frühling im Hornung an: einige Tage vorher verspürt er Mattigkeit und Schwere im ganzen Leibe, Unlust zum Essen, und einen unruhigen Schlaf, hernach bekommt er einen bald mehr bald minder heftigen

Anfall von einem Fieber, das einem Catarrhalfieber ähnlich ist, je nachdem mehr oder minder Materie im Leibe vorhanden ist; viele bekommen zugleich starke Kopfschmerzen, Aengstigungen, starkes Keichen auf der Brust ꝛc. und endlich entstehet in diesem oder jenem Gelenke ein Schmerz, der im Anfang gelind ist, aber nach und nach so stark vermehret wird, daß man bloße Leintücher darauf nicht ertragen kann; am Abend vermehrt er sich, und am Morgen läßt er wie ein Fieber in seiner Heftigkeit etwas nach; das Gelenk wird oft geschwollen und die äussere Haut daran ein wenig entzündet. Je stärker und schmerzhafter die Anfälle dieses Uebels sind, desto kürzer ist hingegen ihre Dauer: oft nach wenigen Tagen fängt die Geschwulst und der Schmerz schon an sich zu vermindern, und die Haut an diesen Orten schupplig zu werden. Je älter der Mensch und das Uebel ist, desto länger dauren die Anfälle, daß sie oft einige Monate den Kranken im Bette halten; und eine luftartige Materie in den Gelenken zurücklassen, daß man weder gehen, noch mit den Händen etwas verrichten kann. Und wenn endlich bey solchen Leuten, wegen Mangel der natürlichen Kräften die häufige scharfe Materie aus den Gelenken zurük auf innere Theile trittet, so erwekket sie Schlag- und Stekflüsse, Gichter, schmerzhafte Magenkrämpfe und Bauchgrimmen, eine kurze und beschwerliche Athemholung, Unterdrukung des Harns, Entzündungen und den Brand in den Eingeweiden ꝛc. Wie betrübt ist also nicht die Aussicht solcher Leute in das künftige. Es schmeicheln sich zwar viele, daß sie mit dieser Krankheit in ein hohes Alter gelangen, und vor andern Uebeln dadurch bewahret seyen.

§. 6.

Was für eine Lebensordnung und Mittel in den Anfällen dieser Krankheiten zu gebrauchen seyen, weis beynahe jedermann: der vorhandene Ekel zum Essen, Durst und Hize, zeigen genugsam an, daß man sich nur mit sehr wenigen und leichten Speisen ernähren, hingegen aber mit auflösenden und warmlichten Getränken sich wohl anfeuchten, und einen gelinden Schweiß befördern solle; hierzu dienet ein schwach gefärbter Thee von Wasserknoblauch, Holder, oder Chamenderli, ein paarmal im Tage davon getrunken, sehr wohl; das Hauptgetränke aber sind die Prisanen §. 4. Wenn die Schmerzen allzu heftig und beynahe unerträglich sind, erlauben wir dem Krauken in den ersten Tagen einige male 40 bis 50 von des Hofmanns schmerzstillenden Tropfen in dem Thee einzunehmen. Die übrigen, sowohl innerliche als äusserliche schmerzstillende Mittel sind gefährlich, weil sie den Trieb der Natur allzusehr hemmen, durch den sie sich bemüht die schädliche Materie aus dem Leibe zu schaffen. Was von äusserlichen Mitteln ohne Gefahr die Schmerzen besänftigen kann, sind die feinen Wachstücher, mit denen das leidende Glied umhüllet wird. Oft hält sich die scharfe podagrische Materie in einem Gelenke oder Hüfte, oder der Achsel so lange auf, daß das Glied untenher eine Schwindung bekommt, in solchem Fall sind kräftige Zugpflaster an diesen Orten aufgesezt, nebst einem anhaltenden Gebrauche des bittern Thees das sicherste Mittel sie herauszuziehen.

§. 7.

Dieses Uebel, wenn es schon viele Jahre gedauret, und in den Gelenken wirklich Steifigkeiten und eine luftartige Materie zurükgelaßen hat, ist unheilbar; ist es aber noch frisch, und der Mensch nicht allzusehr entkräftet, so kann es durch die Lebensordnung §. 4. und einem langen Gebrauche von folgenden Mitteln gänzlich oder größtentheils gehoben werden: Man nehme den eingekochten Saft von Chamenderli, Bieberklee, Cardobenedicten, Wermuthkraut, und der Chinarinde, von jedem ein Quintlein, eine halbe Unze aufgelöstes Eisen, anderthalb Quintlein Rhabarbaraextrakt, und ein halbes Quintlein Aloes; alles dieses wird wohl untereinander vermischt, und daraus Pillen zu zweyen Granen schwer gemacht, von denen Sommerszeit alle Morgen nüchtern 5 bis 6 Stük mit einem Glas voll kaltem Waßer, Winterszeit aber mit einer Theeschale voll von dem bittern Thee eingenommen werden

werden müssen. In den ersten Tagen eröfnen sie den Stuhlgang, wenn es eine vollkommene Wirkung im Leibe hervorbringen soll; ja oft lasse ich den Kranken im dritten Jahre wieder nehmen, aber nur alle zween Tage einmal, und man fürchte sich gar nicht, daß dadurch das Blut in eine starke Hize und Wallung gebracht werde, insofern der Mensch dabey die Lebensordnung §. 4. befolgen wird.

§. 8.

So lange die scharfe podagrische Materie in den Gelenken sich aufhält, ist das Uebel nicht gefährlich, geht sie aber auf innerliche Theile zurük, daß davon die Zufälle §. 5. entstehen, so wird es oft nach wenigen Stunden oder augenblicklich tödlich, wenn man sie nicht noch vorher in die Gelenke zurükbringen kann. Je stärker und gefährlicher diese Zufälle sind, welches ein erfahrner Arzt, der die Natur der angegriffenen Theile wohl kennt, leichtlich beurtheilen kann, desto kräftiger müssen die zurükführenden Mittel seyn; diese sind starke Zugpflaster an den Waden, oder das Brennen der Haut

L

mit einem gluenden Eisen bey Schlag- oder Steckflüssen: die mindern hingegen sind laulichte Fußbäder, mit Senfwasser, Salz und Eßig scharf gemacht, Aufschläge an den Fußsolen von Sauerteig, Senf und Salze, oder von aromatischen Kräutern in Wein gekocht, das Schrepfen an den Füssen, und auch das Reiben an selbigen mit groben wollenen Tüchern. Wenn die Gelenke allzu troken und gespannet sind, dienen die erweichenden Fußbäder mit Milch und erweichenden Kräutern, und wenn in einem oder anderm Zufall bemerkt wird, daß es der Natur an erforderlichen Kräften fehlet, die scharfe Materie in die Gelenke zu treiben, so kann man ihnen ohne Furcht von Zeit zu Zeit mit einigen Löffeln voll spanischem oder einem andern kräftigen Weine zu Hülfe kommen, und ist der Wein bloß nicht kräftig genug, so gebe man dem Kranken ein paar mal im Tage ein Theelöffel voll von dem feinsten und besten Chinarindenpulver darinnen ein, die äusserlichen Mittel aber müssen vorher angewandt werden. Ist aber ein solcher Zufall mit ethem heftigen Fieber begleitet, daß man eine innerliche Entzündung zu befürchten hat, so ist es nothwendig, daß man selbiges mit vielem warmlichten und sauerlichtem Getränke besänftige, und zugleich die äusserlichen Mittel wohl gebrauche.

Von den Verstopfungen der Leber und Milz.

§. 1.

Ein sehr gemeines Uebel unter den Hof- und Weltleuten sind auch die Verstopfungen der Leber und Milz, die von ihrer unnatürlichen Lebensart herkommen. Von den gleichen Ursachen, durch die so viele Aeste der Portader im Unterleibe so stark ausgedehnt werden, daß verschiedene Nervenkrankheiten davon entstehen können, dehnen sich auch nach und nach die Blutgefässe in diesen zweyen Theilen aus, daß sie oft noch einmal so groß werden als sie natürlicher Weise seyn sollten, endlich werden die noch kleinern Gefässe und drüsichten

Theile von dem häufig eingedrungenen zähen und schlaffen Blute gänzlich verstopft, daß sie sich in eine harte und meistens unauflösliche Geschwulst verwandeln, die man Scirrhum nennet.

§. 2.

Durch das bloſſe Anrühren sind diese Verstopfungen im Anfang der Krankheit nicht leichtlich zu erkennen, man vermuthet aber ihr Daseyn aus verschiedenen hypochondrischen Gemüths- und Leibesumständen, von denen wir im §. 2. von den Nervenkrankheiten, Meldung gethan. In einem höhern Grade aber fühlet man deutlich bald auf der einten oder andern Seite des Bauches unter den kurzen Rippen, bald auf beyden zugleich, eine Geschwulst unter der Haut, die mehr und minder hart und groß anzufühlen ist, und in denen der Kranke bisweilen einen spannenden Schmerz verspüret; hierbey ist insgemein seine Athemholung beschwerlich, weil das Zwerchfell, das mit der Leber verknüpft ist, durch dessen allzugrosse Gewicht zu stark niederwärts gezogen wird, daß sich die Brust nicht genugsam ausdehnen kann; und indem die Nerven der Brust von dieser Spannung gereizt werden, erwecken sie bey vielen einen trokenen Husten, als wenn die Ursache in der Lunge selbsten läge. Ist die Verstopfung in der Leber, so kann der Kranke nicht lange auf der linken Seite ohne Husten und Aengstigung liegen; ist sie im Milz, so liegt er lieber auf der linken Seite. Die Leute, die mit diesem Uebel behaftet sind, haben gewöhnlich eine ungesunde, bleyfarbige und gelblichte Farbe, werden von wenigem gehen sehr ermüdet, und bekommen dabey starkes Herzklopfen und Aengstigungen, und verfallen zulezt entweder in unheilbare Wassersuchten, oder werden mit dem hypochondrischen Uebel oft bis zu einer völligen Schwermuth und Raserey geplaget, oder, wenn es eine Verschwürung und mehrere Verstopfungen in andern drüsigten Theilen nach sich zieht, endet es sich zulezt mit einem auszehrenden Fieber und dem Brande. Stellet sich in dieser Krankheit entweder der Goldaderfluß oder die monatliche Reinigung richtig ein, so wird der Mensch dadurch allemal für eine kurze Zeitlang merklich erleichtert; ein gleiches wirket auch ein nicht allzustarkes Blutbrechen, oder wenn der Kranke zugleich mit einem drey- oder viertägigen Fieber behaftet wird. Obschon diese Krankheiten nicht nur unter den Hof- und Weltleuten, sondern bey allen denen gemein sind, die bey einer groben Nahrung sich wenige Leibesbewegung verschaffen oder ein trauriges Leben führen, so ist doch die Heilungsart nicht durchaus einerley; bey den erstern ist ein stärkeres Gas von scharfer und verbiterten Galle, wegen dem allzuvielen Fleischessen, bey den letztern aber minder Galle und mehr zäher Schleim in den Gefäßen dieser Theile vorhanden.

§. 3.

Sobald aus oben angeführten Kennzeichen bemerkt wird, daß wirklich einige Verstopfungen, oder wenigstens eine allzustarke Anhäufung von Blut und verbitrer Galle ꝛc. in diesen Theilen vorhanden seyen, muß der Kranke von Stunde an sich entschließen können, seine bisdahin geführte Lebensart zu verlaſſen, und hingegen eine natürlichere zu erwehlen, wenn er eine vollkommene Geneſung hoffen will; und dieſe neue Lebensart wird dazu den größten Theil vom Wege bahnen. Die meiſte Nahrung beſteht aus vielen verſüſſenden, auflöſenden und reinigenden Gartenkräutern, Scorzonerwurzeln, Brunnkreßig, Bachbungel, Sauranpfel, wilden Sonnenwirbel ꝛc. gekochten ſauerlichten Baumfrüchten; welches ſo viele Mittel ſind, durch deren Gebrauch allgemach die entzündliche und verderbte Galle gedämpft, aufgelöſt und gereiniget werden kann. Von Fleiſche erlauben wir ihme kein anders, als bey der Mittagsmahlzeit ein wenig gebratenes Kalbfleiſch oder von jungen Hünern, und keine andere Suppen als aus gleichem Fleiſche mit wildem Sonnenwirbel, Brunnkreßig und Sauranpfel zubereitet: ja wenn wirkliche Verhärtungen vorhanden ſind, ſoll der Kranke täglich vier- und mehrmal in ſolchen Brühen jedesmal vier Eßlöffel voll ausgepreßten und geläuterten Saft von Kreßig oder Bachbungel und kleinen Bachkrebſen, die ganz lebendig verſtoſſen werden müssen, einnehmen, welches eins der kräftigsten Mittel in diesen Fällen ist, weit kräftiger als der so sehr gerühmte Schierlingssaft, den man anjutzt als ein untrieglicher Mittel wider offene und verschlossene krebsartige Geschwulsten hat versichern wollen, vielleicht aber bin nur ich so unglücklich gewesen, daß mir alle die vielfältig damit angestellte Proben mißlungen sind, obschon ich sie beständig mit der größten Vorsichtigkeit und nach der Vorschrift eingerichtet habe. * Aber auch das tägliche Trank eines solchen Kranken muß mit der Natur seiner Nahrung vollkommen übereinstimmen, er entschliesse sich also auch hierinnen willig für eine geraume Zeitlang allem Chocolate, Caffee, Thee

---

* Sobald der verdikte Schierlingssaft von Hrn. Störken als ein wahres Mittel wider den offenen und verschlossenen Krebs angepriesen wurde, sammlete ich sogleich eine ziemliche Anzahl von solchen Kranken in unserm Spittable, sowohl von Weibs- als Mannspersonen, deren einige den Krebs in der Mutter, andere an den Brüsten, die dritten am Munde, oder an andern drüsichten Theilen hatten, und gab ihnen dieses Mittel von 30 bis auf 300 Gran täglich

Wein und andern hitzigen Getränken, die die Säfte erhizen, scharf machen, und verbiken können, Abschied zu geben, ausgenommen in sehr starken Blödigkeiten des Magens, wo es ihme erlaubt seyn soll, bisweilen vor den Mahlzeiten einige Löffel voll spanischen Wein einzunehmen. Den Morgen hindurch kann er bisweilen ein Glas voll laulichte Schotten trinken, die mit Brunnkreßig ist destillirt worden; unter Tags aber bediene er sich einer Ptisane aus Sassaparille, Scorzonerwurzel, Süßholze und Fenchel gemacht, oder eines andern gleichartigen Getränks. Die tägliche Leibesbewegung eines solchen Kranken muß nach den verschiedenen Graden seines Uebels eingerichtet werden, je schwä-

sechs Wochen nacheinander ein, ohne den geringsten Nutzen davon zu verspüren, und sie starben zulezt alle an diesem Uebel nach gewohnter Weise. Im Anfang glaubte ich, daß vielleicht unser Schweizer-Schierling nicht des Hrn. Störkens Schierling seye, weil er gar keine Wirkung that, aber als ich ihn von Wien aus herbeschikte, wurde ich noch mehr bestürzt, da ich sahe, daß er gleich unnüz, wie der unserige war.

cher es ist, desto stärker muß die Bewegung seyn, und je grösser, desto mäßiger dieselbe. Im Anfang kann man täglich reiten, fahren, gehen, soviel es immer die Kräfte zulassen, welches bisjetzen allein vermögend ist, den größten Theil der Krankheit zu vertreiben, aber nachwärts, wenn die Leber oder Milz sich wirklich so stark vergrössert und verhärtet haben, daß dem Kranken im Liegen und Gehen die Athemholung schwer wird, muß man mehr durch fleißiges Reiben mit wollenen Tüchern am Bauche, als durch starkes Fahren oder Reiten den Kreislauf der Säfte darinnen befördern, und verhüten, daß auf einmal nicht ein allzuheftiger Trieb gegen die verstopften Gefässe geschehe, welches das Uebel eher vermehren als vermindern und durch eine Zerreissung einiger lymphatischen Gefässe eine Bauchwassersucht nach sich ziehen würde. Auf allen äusserlichen Arzneymitteln, die einige in dieser Krankheit anrathen, es seyen Pflaster oder Salben, halte ich gar nichts, denn sie können unmöglich auf den kranken Theil wirken, im Gegentheil, sie verstopfen nur durch ihre Fettigkeit die Schweißlöcher der Haut, und plagen durch ihren Geruch den Kranken: aus den Quekſilberſalben gehet zwar freylich das Queckſilber bey der Einſchmierung in das Blut, und gelanget endlich zum verſtopften Theile, aber wenn derſelbe einmal ſcirrhos geworden iſt, ſo ſchaffet er nicht nur keinen Nuzen darinn, ſo wenig als in allen ſcirrhoſen Geſchwulſten an unſerm Leibe, ſondern er verwandelt ſie in luſtartige Geſchwüre, und zerreißt die lymphatiſchen Gefäſſe dieſer Theile.

§. 4.

Was ich bisdahin in dieſer Krankheit neben der iztbeſchriebenen Lebensart am heilſamſten gefunden, iſt folgendes: erſtlich, um die verſtopfte zähe und verdikte Galle genugſam aufzulöſen und zu verbeſſern, laſſe ich den Kranken täglich einigemal 50 bis 60 Tropfen von folgendem Mittel, welches dem Schweizeriſchen Gletſcherſpiritus ähnlich iſt, in einer Theeſchale voll von der eben bemeldten Ptiſane einnehmen, und einige Gläſer voll gleich warm nachtrinken: man nehme zwey Theile Weinſteinsalz und drey Theile Salmiacsalz, schmelze selbiges zusammen in dem erforderlichen Maße kalten Wassers in einer wohlverschlossenen starken Flasche, und wenn es nach etlichen Tagen vollkommen geschmolzen ist, gießet man das lautere in eine andere Flasche sachte ab. Nachdem der Kranke dieses Mittel 12 bis 18 Tage lang wird gebraucht haben, fange ich alsdann an, ihme die aufgelöste Materie mit dem Tamarindentrank (S. 18. von den Nervenkrankheiten) gelinde abzuführen, stärkere oder hitzige Purgiermittel taugen hier nichts, auch mit unserm gelinden Mittel muß man nicht täglich abführen, sondern nur alle drey oder vier Tage, damit der Magen davon nicht allzu empfindlich gemacht werde; aber ungeacht dem Abführen, lasse ich ihme dennoch alle Tage einmal die auflösenden Tropfen, und drey oder viermal ein Theelöffel voll Latwerge aus Brunnkreßig, Bachbungel und Wild-Wegwartkraut gemacht, einnehmen, und fahre in dieser Ordnung so lange fort, bis die meisten Kennzeichen des Uebels verschwunden sind.

§. 5.

Nachdem endlich die verstopften Gefässe und Drüsen in der Leber und Milz vollkommen eröfnet, und genugsam gereiniget worden sind, so schreitet der Kranke zum zweyten Hauptteil seiner Cur über, welcher in einer Verbesserung und Stärkung der allzusehr ausgedehnt wordenen Gefässe und geschwächten Fibern des Magens und der Därme besteht. Man fange mit dem Extrakt der Chinarinde in des Hoffmanns Visceralelixir aufgelöst (S. 18. von den Nervenkrankheiten), an, und trinke dabey das Spad- Pirmonter- oder Schwalbacher-Wasser morgens nüchtern, kalt und langsam. Ist dieses nicht genugsam, so gebrauche man hernach noch eine Zeitlang die Pillen (S. 7. von der Gliedersucht), nebst einem Thee von Tausendguldenkraut und Bieberklee.

§. 6.

Obschon insgemein ein vollkommener Scirrhus der Leber, wie vom Milz ein unheilbares Uebel ist, wie in andern brüsichten Theilen, so kann man sich dennoch damit oftmals betriegen, wenn man eine starke und hartlichte Auftreibung dieser Theile für einen Scirrhum ansiehet, und deßwegen die nöthigen Heilungsmittel nicht gebrauchen will. Das Uebel mag also so groß scheinen als es will, so versuche man immerdar, ob es nicht durch die eben bemeldte Heilungsart zu vertreiben, oder wenigstens zu vermindern seye, und siehet man, daß es sich größtentheils vermindert hat, so wiederhole man noch einmal die gleichen Mittel, und lasse dabey den Kranken niemals eine allzuheftige Leibesbewegung gebrauchen.

Von der
Wassersucht.

§. 1.

Was eine Wassersucht seye, ist vielleicht jedermann bekannt, denn also nennet man jede ausserordentliche Anhäufung von serosen Feuchtigkeiten in dieser oder jener Höle oder Raum unsers Körpers, sie seye dann blos oder mit andern fremden Theilen, als Schleim, Galle ꝛc. vermischt. Sammlet sie sich in der Fetthaut unter der äussern, daß davon der größte Theil des Leibes aufgetrieben wird, und in der Geschwulst Gruben eine Zeitlang bleiben, wenn man mit dem Finger darauf tupfet, so heisset man sie Anasarca, in der Höle des Bauches Ascites &c.

§ 2.

Auch diese Krankheit ist oft die Folge der unnatürlichen Lebensart und starken Erschöpfungen der Hof- und Weltleute; dann wenn einmal unsere Säfte von diesen oder jenen Schärfigkeiten allzustark aufgelöst worden sind, und dabey die festen Theile ihre meiste Kraft verloren haben, so häufen sie sich in allzugrosser Masse bald in dieser oder einer andern Höle des Leibes an, in denen die anklebenden Gefässe, durch welche sie wieder zurükgeführt werden sollten, entweder aus Schwachheit, oder weil diese Säfte zu zähe und scharf geworden sind, sie nicht anziehen können: und bisweilen werden von allzustarker Ausdehnung lymphatische Gefässe zerrissen, wovon unheilbare Wassersuchten entstehen.

§. 3.

Man weiß aus genugsamer Erfahrung, daß alle diejenige Ursachen, welche, den Rückfluß des Bluts gegen das Herz durch die Pfortader verhindern, verschiedene drüsigte Theile verstopfen, einen gewohnten Goldaderfluß bey den Mannspersonen, und bey den Weibspersonen die monatliche Reinigung plötzlich unterbrechen, oder zwenigstens stark vermindern, ebensowohl als starke Blutverluste und zurückgetriebene Hautkrankheiten ꝛc. den Weg zu diesem Uebel bahnen. Die gewöhnlichsten Gattungen sind die Brust- Bauch- und allgemeine Hautwassersuchten. Die erste und zwepte Gattung sind im Anfange etwas schwer zu erkennen; nachwärts aber, wenn sich wirklich eine ziemliche Menge Feuchtigkeit in der Höle des Bauches gesammlet hat, so verspüret man sie deutlich, wenn man den Kranken auf den Rüken legt, die eine Hand auf die Seite

des

des Bauchs hattet, mit der andern aber auf der Gegenſeite darauf ſchlägt. Hr. Read beſchreibt uns noch zwo andere Gattungen von Bauchwaſſerſuchten, deren die eine ihren Sitz zwiſchen den Sehnen der überzwerchlaufenden Bauchmuſkeln und dem Bauchfelle, die andere aber in dem Zwiſchenraum der beyden Häute dieſes Felles hat. Der waſſerſüchtigen Eyerſtöke und Mutter bey den Weibsperſonen ꝛc. welche ein insgemein unheilbares Uebel ſind, wollen wir hier nicht gedenken, obſchon ſie auch eine Art von Bauchwaſſerſucht ausmachen. Von der erſten Gattung dehnet ſich nach und nach der Bauch ſo ſtark auf, daß der Kranke weder liegen, noch gehen, noch den Athem frey ſchöpfen kann und die eingeſchloſſene Materie iſt nicht allemal nur bloß wäſſerig, wie in der Hautwaſſerſucht, ſondern bald dunkelbraun wie Caffee, bald gelblicht und wie ein Syrup, daß ſie beym Abzapfen kaum durch das Röhrlein flieſſen kann. Die anfangenden Bruſtwaſſerſuchten ſind aber noch ſchwerer als die erſten zu erkennen; der Kranke bekommt nach und nach eine mühsame Athemholung, Bangigkeiten, heftiges Herzklopfen, die Füsse werden geschwollen, im Bette kann er nicht liegend, sondern aufrecht ruhen, wenn er aus dem Schlaf aufwachet, schnappet er gleichsam mit doppelter Ausdehnung der Brust nach frischer Luft, der Harn geht sehr schwach und selten ab, der Durst wird sehr stark, und der Leib ausgezehrt. Mit dem Zunehmen dieses Uebels nehmen auch diese Zufälle an Heftigkeit zu, bis ein auszehrendes Fieber oder Schlagfluß demselben ein Ende macht.

§. 4.

Alle Arten von Wassersuchten, die von unauflöslichen Verstopfungen gewisser Theile, und Zerreissungen gewisser lymphatischer Gefässe im Leibe herkommen, sind unheilbar, und wenn sie schon für eine gewisse Zeitlang zu vertreiben sind, so tödten sie doch zulezt den Menschen. Ja auch die allgemeine Hautwassersucht bey abgelebten Leuten, deren Säfte allzusehr aufgelöst, und deren feste Theile in keinen bessern Zustand mehr zu bringen sind, ist für die meisten ein tödliches Uebel.

§. 5.

Wider keine Krankheit scheint die Natur eine grössere Menge von verschiedenen Mitteln verordnet zu haben, als wider diese, auf daß, wenn wegen ihren verschiedenen Ursachen und Graden, das eine nicht wirket, die Heilung an einem andern und dritten versucht werden könne. In keinem Uebel des menschlichen Leibes wird bisweilen ein Arzt in der Heilung mehr betrogen als eben in diesem, indem das gleiche Mittel, mit welchem er viele Wassersüchtige glücklich geheilet hat, in andern ganz ähnlichen Fällen vollkommen unnüz ist, und hingegen ein anderes hilft, dem er weit mindere Kräfte zugeschrieben hat; so erinnere ich mich, daß es mir vor einigen Jahren mit einem Kranken in unserm Spittahle ergangen, der eine allgemeine Hautwasserfucht am ganzen Leibe hatte; ich verordnete Ihme nach der Ordnung die stärksten Harntreibenden und Purgiermittel, wie sie vorhin bey andern, in gleichscheinenden Umständen glücklich gebraucht hatte, aber sie waren hier ohne Wirkung, im Gegentheil, der Kranke wurde von Tag zu Tage elender, und verlangte in seinem Hause zu sterben; jemand von seinen Bekannten rathete ihme an, den zerstoßenen Rübsamen täglich zu zweyenmalen in wenig weissem Wein, jedesmal einen Löffel voll einzunehmen, er that es, und wurde, zu meiner Erstaunung, nach wenigen Tagen von seinem Uebel vollkommen befreyet. Wer sollte glauben, daß dieses Mittel einer präparirten Meerzwiebel, und dem laugenartigen Getränke, die aus der Asche der besten harntreibenden Kräuter verfertiget wird, vorzuziehen wäre, oder wenigstens den Harn kräftiger treiben sollte. Ein anderer, der ebenfalls bis zum Ausrinnen stark aufgetrieben war, und an dem die gewohnten kräftigsten Mittel keine Wirkung thaten, heilte sich vollkommen, vermittelst einem kriftenartigen Bade, das er täglich 3 bis 4 Stunden lang warmlicht gebrauchte. Was ich überhaupt in heilbaren Wassersuchten an innerlichen Arzneymitteln am wirksamsten und dienlichsten gefunden, ist der präparirte Weinstein mit dem Vitriolsalze und der Meerzwiebel vermischt; man nehme drittehalb Unzen vom ersten, eine halbe Unze vom andern, und zwey Quintlein von der präparirten Meerzwiebel, mische es wohl untereinander, und lasse alsdenn den Kranken davon vier- und mehrmal ein gehäuftes Theelöffelchen voll, oder anderhalb Quintlein in einem Glas voll Thee oder Wasser einnehmen. Dem einten führet es die gesammlete Feuchtigkeit durch den Harn, bey den meisten aber durch den Stuhlgang häufig ab, daß oft schon im ersten Tage 3, 4 und mehr Maaße weggehen; zugleich stillet dieses Mittel den unerträglichen Durst, mit welchem beynahe alle Wassersüchtigen geplaget sind, und hilft wirklich schon auf die Quelle des Uebels mit Macht arbeiten, indem die aufgelösten säuerlichten Theile des Weinsteins, und das Vitriolsalz, das in das Blut bringet, die verdikte und mit Schleim vermengte Galle in der Leber verdünnert, und die Gefässe darinnen eröfnet werden, allbieweil der gröbere Theil vom Weinstein zum Purgiren anlaset. Oft, wenn die allerstärksten Purgiermittel und die Meerzwiebel mit noch andern kräftigen harntreibenden Sachen vermischt, nicht vermögend waren das Wasser auszutreiben, that es sogleich dieses Pulver. Damit aber der Kranke bey einer so starken Abführung des gesammleten Wassers nicht zu sehr abgemattet werde, erlaube ich ihme bisweilen im Tage einen Löffel voll eines sauerlichten Weins, als zum Exempel Rheinwein, einzunehmen, und wenn wirklich einige Verstopfungen der Leber oder Milz, die die Ursache dieser Krankheit seyn könnten, vorhanden wären, lasse ich ihne von Stunde an, die gleiche Nahrung und Trank, die in der vorigen Abhandlung sind angerathen worden, gebrauchen. Nachdem endlich alle Geschwulst gänzlich gehoben worden ist, soll der Kranke die stärkenden Mittel, aus der Chinarinde und den bittern Sachen gemacht, die wir in der gleichen Abhandlung angeführt haben, so lange gebrauchen, bis alle Zeichen der Schwachheit und der Verstopfungen gehoben seyn werden.

§. 6.

Wenn aber bey einer allgemeinen Hautwassersucht, die in die Fetthaut ausgetretene Materie wirklich schon so stark verdikkt worden ist, daß sie weder durch unser, noch andere Purgier- oder harntreibende Mittel weggeschaft werden kann, so lasse man den Kranken einige Stunden lang täglich sich in einem seiffenartigen warmen Wasser baden, und zugleich unser Mittel gebrauchen. Ist auch dieses nach einigen Tagen nicht vermögend den Abgang des Wassers genugsam zu befördern, so mache man ihme auf dem einen oder andern Fuße, wo die Geschwulst am stärksten ist, eine kleine Oefnung, wie beym Aderlassen, damit das Wasser zum Theil durch selbige ausfliessen könne, mit dem Pulfer aber halte man immerdar an. Eine nicht lange angehaltene Bauchwassersucht, die nicht von zerrissenen lymphatischen Gefässen, oder von unauflöslichen Verhärtungen der Leber und Milz entstanden ist, kann bisweilen mit diesem Pulfer vollkommen geheilet werden, insonderheit, wenn der Kranke hernach die Mittel und Lebensordnung, die wir in der vorigen Abhandlung angerathen haben, genau gebrauchen und befolgen wird; geschieht es aber nicht, so muß man das Wasser abzapfen, hernach den Bauch mit einer breiten Binde stark zuziehen und binden, auch schon beym Abzapfen ihne mit der Hand so lange hinunterwärts druken, bis nichts mehr herausflieſſet, welches Herr Mead nicht ohne Ursache anrathet. Nachdem die Höle des Bauches gänzlich ausgeleeret worden ist, fühlet man alsdann leichtlich, ob in dem Milz oder Leber Verhärtungen vorhanden sind, in welchem Fall alsobald die Heilungsart solcher Krankheit vorgenommen werden soll, um zu verhindern, daß sich keine überflüßige Feuchtigkeit im Bauche mehr samle. In Brust- und andern Waſſerſuchten ist das Pulfer §. 5. sehr oft von gleicher Wirkung, wie in der allgemeinen Hauptwaſſerſucht geweſen.

Von

gewissen Ausschlägen der Haut.

§. 1.

Es ist hier meine Absicht nicht, alle diejenigen Ausschläge der Haut zu behandeln, die entweder von hizigen und bösartigen Fiebern oder von äusserlichen anstekenden Ursachen entstehen können; wir wollen nur die berühren, die bey vielen Hof = und Weltleuten von ihrer unnatürlichen Lebensart ihren Ursprung haben, und die die Franzosen Dartres, die Deutschen Zittermale oder Flechten nennen.

§. 2.

Einige von diesen Dartres sind ganz trocken, und sind nichts anders als weisse Schuppen auf der Haut, unter denen, wenn sie abgerieben werden, eine rothe Haut zum Vorschein kommt, die brennend und beissend ist, und die gleich wieder mit einem neuen Schuppen bedekt wird; andere Dartres haben dike Schuppen, die oft so dik wie die Rinde an einer Tanne sind, unter denen man eine Feuchtigkeit antrift, von deren sie erzeuget werden. Die zwepte Gattung von Dartres sind die ganz feuchten, die die Franzosen Dartres vives nennen, welches rothe Pläze auf der Haut sind, von verschiedener Grösse, mit kleinen Erhabenheiten angefüllt, aus denen beständig eine scharfe elende Materie schweisset, die sich aber nicht in Schuppen verdiket, sondern viel eher die Haut anfrißt, wie ein Geschwür. Die dritte Gattung von Dartres, die die schlimmste ist, ist diejenige, welche nicht nur auf der Haut Schuppen aufwirft, und stark schweisset, sondern zugleich in gewissen Zeiten die ganze Haut auftreibt und heftige Spannungen verursachet.

§. 3.

Es ist bald kein äusserlicher Theil an unserm Leibe, wo sich nicht diese Krankheit ansezen kann, doch greift sie am liebsten gewisse Orte im Angesicht und hinter den Ohren an, wo die Haut am dünnsten ist. Je älter sie ist und je mehr Theile sie einnimmt, desto schwerer ist ihre Heilung, insonderheit wenn sie sich in die Haut der Nase sezet;

die meiste Ursache dieses Uebels scheinet allerdings in einer scharfen lymphatischen Materie zu bestehen, welche sich unter den äusserften kleinen Häutlein der Haut ansezt, oder in den kleinen Gefäßen der Haut und in der Fetthaut selbsten angehalten wird. Sie hat sehr viel ähnliches mit derjenigen Materie, die eine Gliedersucht und Podagra hervorbringen kann, und vielleicht ist sie gar die gleiche, weil, wenn sie durch äusserliche Mittel zurük in das Blut getrieben wird, der Mensch oft plözlich mit der heftigsten Gliedersucht überfallen, und damit so lange gemartert wird, bis man sie wieder in die Haut hervorbringen, oder gänzlich aus dem Leibe schaffen kann.

§. 4.

Die Natur dieser Materie hat sehr vieles von einer scharfen und flüßigen Galle an sich, womit das Blut bey den meisten Hof- und Weltleuten angefüllet ist, welches von ihrem allzuvielen Fleischessen, scharfen Speisen, hizigen und stark begeisterten Geträuken nach und nach erzeuget, und in die kleinsten Gefässe endlich getrieben werden muß. Wir schliessen dieses auch daraus, weil überhaupt alle diejenigen Mittel, die eine scharfe Galle zu dämpfen und zu vermindern vermögend sind, auch wider dieses Uebel die dienlichsten sind.

§. 5.

Alle äusserliche Mittel, die von vielen wider diese Krankheit angerathen werden, sind insgemein sehr gefährlich, wenn nicht vorher oder wenigstens zu gleicher Zeit die Säfte gereiniget und verbessert werden. In Ansehung der innerlichen Mittel rathen wir einen fleisigen Gebrauch der Schotte, und reinigenden Ptisane an, die wir in der Abhandlung von der Gliedersucht und Pedagra angepriesen haben, in denen der Kranke 14 Tage lang alle Morgen ein Theelöffel voll, bis zwey präparirten Weinstein einnehmen soll, eröfnet sie ihme nicht täglich ein paarmal den Stuhlgang, so mische er jedesmal 15 bis 20 Gran Rhabarbarapulfer darunter. Nach diesem nimmt er mit dieser Schotte alle Morgen, so lange einige Spuren vom Uebel vorhanden sind, anstatt des Weinsteins ein Theelöffel voll weisse Magnesia ein, welche etwas minder purgirend ist, hingegen durch den Harn die Schärfigkeiten abführet; damit aber bey dem anhaltenden Gebrauche dieser säuerlichten und abführenden Mittel die Kräfte des Magens nicht mehr geschwächt werden, so kann der Kranke täglich ein paarmal von den Pillen aus dem Chinaextract §. 18. von den Nervenkrankheiten, zugleich einnehmen, welches ebenfalls ein sehr reinigendes Mittel ist. Ist aber nach etwas Zeit das Uebel von diesen Mitteln nicht gänzlich ausgerottet, so lasse man den Kranken täglich morgens und abends 50 bis 60 Tropfen von dem süssen Vitriolgeist, aus dreyen Theilen Branntweingeist und einem Theil Vitriolöl gemacht, oder von des Hofmanns stillenden Tropfen in seiner Ptisane einnehmen; äusserlich aber reibe er die angegriffenen Theile mit destillirtem Eßig, darinnen eine genugsame Menge Alaun und blauer Vitriol aufgelöst worden sind: wirkt dieses nicht, so reibe er sie mit schwarzem

Kirſchöl, welches bey den trockenen Dartres beſſer iſt als der Eſſig. Aber beym Gebrauche dieſer äuſſerlichen Mittel, die zur Stärkung und Befeſtigung der allzuſehr ausgedehnt und geſchwächt wordenen Hautgefäſſen dienen ſollen, müſſen die innerlichen abführenden und reinigenden nicht vergeſſen werden. Und obſchon der Kranke gänzlich von dieſem Uebel befreyet iſt, ſo muß er dennoch eine geraume Zeitlang die gleiche Lebensordnung und ſtärkende Mittel, die wir oben den Gliederſüchtigen angerathen haben, gebrauchen. Dit thun nach vorhergegangener genugſamen Reinigung der Säfte, die von Natur warmen und eiſenhaltenden Bäder, wie zum Er. unſer Wallisbad, fürtrefliche Wirkungen in dieſen Hautkrankheiten. So ſchädlich im Anfange dieſe äuſſerlichen Mittel, inſonderheit die fetten und öligten ſind, ſo nothwendig ſind ſie hingegen zuletzt, ich meyne die ſtärkenden und zuſammenziehenden. Es iſt alſo dieſes Uebel als ein doppelter Fehler anzuſehen, davon der eine in einer Verderbnis der Säfte, der andere aber in einer unmittelbaren Schwachheit derjenigen Gefäße der Haut besteht, die von dem allzustarken Zuflusse der scharfen Feuchtigkeiten, und davon geschehenen heftigen Ausdehnungen in selbigen ist erzeuget worden. In Ansehung der Lebensart soll der Kranke die gleiche erwehlen, die wir gliedersüchtigen und podagrischen Leuten oben angerathen haben.

Von den Schlagflüssen.

§. 1.

Wenn endlich bey der allzurnhigen und weichlichen Lebensart der Hof- und Weltleute, und beym beständigen Genuße der allernährhaftesten Speisen und hizigen Getränken, sowohl die gesunden als unreinen Säfte so stark zunehmen, und durch öftere Gemüthsunruhen in eine heftige Bewegung gebracht werden, so geschiehet es sehr oft, daß einige allzusehr ausgedehnte Blutgefäße im Hirn hiervon zerspringen, oder ein allzugroßes Maas von serösen und schleimartigen Feuchtigkeiten aus den Adern und Drüsen in die Hölen desselben ergossen wird, dadurch dann plötzlich der Einfluß der Lebensgeister in alle oder in viele Theile des Leibes gehemmt wird. Dieser Zustand wird ein Schlagfluß geheissen, und in zwo Hauptgattungen eingetheilet, von denen man die erstere einen Blutschlagfluß, die andere aber Schleimschlagfluß nennet.

§. 2.

Die erste Gattung ist die gefährlichere, und obschon der Mensch vom ersten Anfall befreyet wird, so stehet er dennoch in einer beständigen Gefahr eines zweyten und tödlichen, weil in einem gewissen Alter die zerrissenen Blutgefässe im Hirn selten wieder zusammenwachsen. Die gewöhnlichen Vorboten dieses fürchterlichen Uebels bey sehr vollblütigen Personen sind öftere Schwindel und Schlafsucht, ein schwerer und angstbafter Schlaf, Spannung und Schmerzen im Kopf, die Farbe des Angesichts wird dunkelroth, die Augen schimmernd und bisweilen weinend. Bey der zweyten Gattung kommen

men bald die gleichen Vorbotten zum Vorschein, hingegen aber hat der Mensch eine blasse und ungesunde Farbe, und wird ungemein lange vorher mit einem schleimichten Auswurf, und andern Zufällen, die ein schleimartiges Temperament nach sich ziehet, geplaget, welches aus dem §. 7. von den Nervenkrankheiten zu ersehen ist.

§. 3.

Obschon der Schöpfer so weislich die Hauptadern, durch die das Blut vom Herzen in das Hirn getrieben wird, eingerichtet und ihnen so viele starke Krümmungen gegeben hat, bey denen der Trieb desselben allemal mächtig geschwächt wird, ohne welche die allerleichtesten Ursachen Schlagflüsse erzeugen könnten, so entstehet doch dieser Vorsorge ungeacht bey sittsamen und vollblütigen Leuten, bey denen insgemein der Kreislauf der Säfte in den untern Theilen des Leibes allzulangsam ist, eine allzustarke Anhäufung von Blut in den Gefässen des Hirns, daß wenn selbiges nicht in den gewohnten Zeiten durch Aderlassen, Schröpfen, oder Anſezung der Blutſauger, oder der überflüßige Schleim und Seroſitäten durch abführende Mittel vermindert werden, endlich eine Zerreiſſung in den kleinen Gefäſſen entſtehet.

§. 4.

Aber nicht nur die Vollblütigkeit und ein allzuſittſames Leben erzeuget bey vielen Hof- und Weltleuten dieſe höchſt gefährliche Krankheit; Unzehliche Beyſpiele bezeugen, daß auch ſtarke Schreken, plözliche ſehr heftige Freuden, Zorn und anhaltende Traurigkeiten ein gleiches thun können; und allen dieſen auſſerordentlichen Gemüthsbewegungen müſſen dieſe Leute mehr als andere unterworfen ſeyn. Ferners entſtehet ſie auch von einem allzuöftern Beyſchlaf, von Verſtopfungen des Goldaderfluſſes, und der monatlichen Reinigung, von plözlicher Unterbrukung der Reinigung einer Kindbetterin, und Zurüktreibung einer gliederſüchtigen podagriſchen Materie und Hautkrankheiten; von den übrigen, ſowohl innerlichen als äuſſerlichen Urſachen dieſer Krankheit, die mehr andere als die

Hof- und Weltleute betreffen können, wollen wir hier nicht reden.

§. 5.

Dem geringsten Arzte soll es bekannt seyn, daß in den Schlagflüssen vom Blute, man augenblicklich starke Aderläße am Arm, oder an den rükführenden Jochadern des Halses anstellen, und selbige einigemale, wenn der Kranke nicht gleich auf die erste hergestellt, die starke Röthe im Gesicht nicht vermindert, und der Puls nicht geschwächt wird, in kurzer Zeit wiederholen; den allzustarken Trieb des Bluts gegen den Kopf durch Fußbäder, erweichende Clystiere, Senf- und Zugpflaster vermindern, selbiges in die untern Theile ziehen, mit kühlenden und besänftigenden Mitteln seinen Jast stillen; in der zwoten Gattung aber mit wiederholten Brech- und Purgiermitteln, mit Schrepfen am Rüken, mit Ansezung der Blutegeln an den Schläfen, mit starken Zugpflastern, ja oft in starken Graden des Uebels durch plözliches Anbrennen der Haut im Naken mit einem glüenden Eisen, und einem anhaltenden Gebrauche des auflösenden Salmiaksalzes mit geläutertem Salpeter vermischt, und zuletzt des Chinaextrakts §. 18. von den Nervenkrankheiten, man dem Kranken zu Hülfe kommen, und ihne zugleich dadurch neben der erforderlichen Lebensart für eine Zeitlang vor künftigen Anfällen bewahren solle; alles dieses aber ist insgemein nur ein betrübter kurzer Aufschub, des Lebens und einer nicht sichern Gesundheit, wenn der Mensch wirklich einmal mit diesem Uebel ist überfallen worden: dieser Zustand ist einer der elendesten auf der Welt, denn man lebt in einer beständigen Furcht, heute oder morgen von dem geringsten Fehler, den man wider die natürliche Lebensordnung begehet, oder beym Genusse lebhafter Freude aus derselbigen plötzlich hinweggerafft zu werden. Es ist also der Vorsicht angemessener, daß man bey Zeiten durch eine vernünftige Lebensart, die zugleich auch unsere übrige Gesundheit erhält, sich wider diese Krankheit genugsam bewahre, als aber, daß man nach einer kurzen Zeit nach vielen genossenen unvergnüglichen Ausſchweifungen endlich dennoch gezwungen werde, einer beſſern Ordnung und Einſchränkung ſich zu unterwerfen, von deren wir aber denn nicht gewiß ſeyn können, ob ſie vollkommen unſern Wünſchen entſprechen wird. Wollen ſich alſo die Hof- und Weltleute wider dieſes tödliche Uebel in Sicherheit ſetzen, ſo mäßigen ſie erſtlich alle ihre Begierden und unterdrücken ihre heftige Gemüthsleidenſchaften; zweytens erhalten ſie täglich durch eine genugſame Leibesbewegung alle ihre Säfte in einem richtigen Kreislaufe, damit ſie nicht nur in die obern, ſondern zugleich auch in die untern Theile ihres Leibes in dem erforderlichen Maße getrieben, und die unnützen durch die natürlichen Ausgänge weggetrieben werden. Drittens, ſollen ſie ſich nicht beſtändig mit allzunährhaften Speiſen und hitzigem Getränke ſättigen, ſondern ſelbige mit ſauerlichten Baumfrüchten, ſüſſem Gartenzeuge und Waſſer, mildern und erdünnern, damit nicht allzuviel noch allzudickes Blut erzeuget werde. Viertens, wenn dieſer Vorſorge ungeacht ihr Temperament dennoch

allzu blutreich bliebe, so sollen sie jährlich einige
male Blut aus der Ader lassen, oder wenn es zum
Schleim geneigt ist, mit den Mitteln §. 18.
von den Nervenkrankheiten, in Nothfällen abführen,
und hernach die Dauungskräfte des Magens wieder
stärken.

Von den
Verstopfungen und allzustarken
monatlichen Reinigungen
der Weibspersonen.

§. 1.

Diesen beyden Uebeln sind zärtliche Hof- und
Weltleute mehr als andere Weibspersonen unterworfen. Bey ihrer allzuruhigen Lebensart, allzu
nährhaften und schweren Nahrung, bey ihrer steten Unruhe des Geistes und öftern starken Erschöpfungen an Lebensgeistern, die wir deutlich in dem
§. 11. von den Nervenkrankheiten angezeigt haben,

wird bey den einen eine Menge von zähem Schleim, davon das Blut träge gemacht wird, bey andern aber solche Schärfigkeiten von den geschwächten Dauungskräften des Magens erzeuget, daß dadurch zuletzt das Blut aufgelöst, wässerig wird, und sein leimartiges Wesen verlieret. Vom erstern werden insgemein die Verstopfungen der monatlichen Reinigung, vom andern aber der allzustarke Abgang derselben verursachet.

§. 2.

In dem ersten Uebel soll überhaupt folgende Heilungsart erwehlet werden: erstlich, wenn die geringsten Anzeigungen einer Vollblütigkeit oder eines allzustarken Triebes des Bluts gegen die obern Theile des Leibes vorhanden sind, welches leichtlich aus der vermehrten Röthe des Gesichts, starkem Herzklopfen, Angst, Kopfschmerzen, Nasenbluten ꝛc. kann erkennt werden, so gebrauche man eine Zeitlang täglich morgens nüchtern laulichte Fußbäder und abends erweichende Clystiere, und lasse hernach nach Beschaffenheit des Alters und Kräfte Blut aus der Ader am Fuße, wodurch nicht nur das Blut vermindert, sondern selbiges desto kräftiger in die Gefäße der Mutter gezogen wird, daß sie sich endlich zu den erforderlichen Zeiten genugsam eröfnen können. Verschwinden auf die ersten Aderläße die Zeichen der Vollblütigkeit nicht vollkommen, so wiederhole man selbige nach einem Monat wieder, und fahre indessen mit den Clystieren und Fußbädern fort. Zweytens soll hierbey die Kranke täglich 2 mal 15 Gran Salmiakbluſt mit Eisen zubereitet, und gleichviel geläuterten Salpeter zusammengemischet, in einem Glas voll laulichter und schwach gefärbter Sassafras- oder Sassaparillen-Ptisane einnehmen, und darauf noch einige Gläser voll warmlicht nachtrinken. Hierdurch soll allgemach das jähe Wesen im Blute aufgelöst, und die verstopften Gefäße eröfnet werden; wir ziehen im Anfang dieses Uebels in dieser Absicht dieses Mittel allen treibenden und hitzigen Mitteln, die von vielen so sehr angerathen werden, weit vor, weil es, obschon etwas langsamer, die gleiche Wirkung wie dieses thut, hingegen aber den Kranken in keine Erbrechungen bringt, und ihn in keine Gefahr von Blutstürzungen setzet, die oft die Folgen von der Wirkung allzustark treibender und hitziger Mittel sind. Drittens, soll man beym Gebrauche dieses auflösenden Salzes der Kranken alle Wochen einmal ein gelind abführendes Mittel nüchtern eingeben, als zum Er. drey Bekerische Pillen Schlafensgeit, und 4 bis 6 morgens nüchtern, jedes zu zweyen Granen schwer. Drittens, kommt die monatliche Reinigung auf dieses hin bey der ersten oder zweyten Zeit noch nicht genug zum Vorschein, so fahre man mit den erweichenden Clystieren fort, und nehme alsdann täglich eine Stunde vor den Mahlzeiten ein Theelöffelchen voll von folgendem Elixir in wenig Wein und Wasser ein: man nehme zwey Quintlein Bieberkleertract, löse selbiges in einer Unze von des Hofmanns Visceralelixir und gleichviel von der schwarzen Nießwurztinctur auf, oder gebrauche die stärkenden Pillen, wie wir sie oben S. 18. von den Nervenkrankheiten angerathen haben. Sommerszeit können anstatt dessen die Schwefelbäder zum Baden und das Wasser zum Trinken morgens nüchtern gebraucht werden, weil sie auflösend, reinigend und stärkend sind. Viertens, weil die bisdahin geführte unnatürliche Lebensart den Anlaß zu diesem Uebel gegeben hat, so muß sie in den mehsten Stücken verändert, und nach der Vorschrift in der vorigen Abhandlung eingerichtet werden, nur mit dem Unterscheid, daß man etwas minder sauerlichte Baumfrüchte und Gartenzeug geniesse, wenn der Magen und die Därme noch nicht ihren völligen Grad von Stärke erlangt haben. Diese gleiche Heilungsart dienet auch in derjenigen Unordnung der monatlichen Reinigung, die sich zu keiner gewohnten Zeit genugsam einstellt, die heute verschwindet und morgen oder nach etlichen Tagen bey leichten Leibesbewegungen sich wieder für einige Stunden lang erzeiget.

§. 2.

Dem zweyten Uebel, wo die Reinigung allzustark und zu oft geschiehet, daß davon die Person ſtark entkräftet wird, einen ſchwachen und geſchwinden Puls bekommt, die Luſt zum Eſſen verlieret, in Ohnmachten verfällt, das Angeſicht ganz blaß und die Augen gelblicht werden, an Fettigkeit ihr Leib abnimmt, oder die Füſſe eine waſſerſüchtige Geſchwulſt bekommen ꝛc. bediene man ſich folgender Mittel, welche das allzuſcharfe und aufgelöste Blut verbeſſern, verdiken und die ſchlappen Gefäſſe der Mutter ſtärken ſollen. Erſtlich meide eine ſolche Perſon alle ſcharfe und hizige Speiſen und Getränke, und genieſſe hingegen eine geraume Zeitlang nichts anders als Brühen aus Kalbfleiſch, jungen Hünern, Hirſchhorn, Helfenbein, Reiß, Gerſten- und Habergrüze gemacht, ein wenig weiſſes gebratenes Fleiſch und ſüſſes Gartenzeug; zum Trinken eine Ptiſane aus Chinawurzel, Feuchel und Sternanis gemacht, und mit ſüſſem Vitriol oder Salpetergeiſt angenehm verſauert. Zweytens, wenn der Anfall vom Blutverluſt allzuſtark iſt, ſoll man der Kranken alle zwey oder drey Stunden ein Theelöffel von folgender gelind anziehenden Latwerge eingeben, nachdem man ihnen vorhin, wenn Zeichen einer Vollblütigkeit vorhanden sind, einige Unzen Blut aus der Ader am Arm wird gelassen haben; man nehme rothe Rosen und Hambuttenlatwerge von jedem zwo Unzen, rothes und präparirtes Corallenpulver zwey Quintlein, ein Quintlein Drachenblut, und von dem Granatapfel-Syrup soviel vonnöthen ist, mische alles wohl untereinander. Ist der Blutverlust nicht zu stark, so ist es genug, wenn die Kranke nur zweymal des Tags von dieser Ptisane einnimmt, und darauf ein Glas voll von seinem versäurten Trank, oder einen Theelöffel voll von der Rosentinctur nach der Edimburgischen Pharmacopoey verfertiget, in einem Glas voll Wasser nachtrinkt. Drittens, sobald die allzustarke Reinigung sich vermindert, oder gänzlich nachgelassen hat, soll die Kranke morgens und abends ein Theelöffel voll von dem feinsten und besten Chinarindenpulver in seiner säuerlichten Ptisane oder die Chinapillen §. 18. von den Nervenkrankheiten, einnehmen, und dabey die eben bemeldte Speisen und Trank fortzugebrauchen, bis das Uebel gänzlich wird nachgelassen, und eine vollkommene Gesundheit sich wieder wird eingestellt haben. Sowohl der innerliche als äusserliche Gebrauch der schwefelartigen Quellwasser, wie zum Ex. unser Gurnigelwasser, schafet in diesem Umstande den gleichen Nutzen, wie in den Verstopfungen der monatlichen Reinigung, indem sie die Schärfigkeiten aus dem Blute treiben, die Theile desselben besser zusammenzwingen, und die schlappen Fibern stärken. Viertens, allblemeilen die Reinigung anhält, soll die Person sich stille halten, und selbige durch eine gelinde Ausdünstung und Schweiß im Bette zu vermindern suchen, sobald sie aber gänzlich nachgelassen hat, muß sie neben dem Gebrauche der stärkenden Mittel sich noch mehr durch eine mäßige Leibesbewegung stärken, und alle ihre Säfte in einem ordentlichen Kreislaufe erhalten.

§. 4.

Es geschiehet oft, daß von einem starken Schrecken, Zorn, oder von andern Ursachen, die monatliche Reinigung plötzlich unterbrukt wird, und darauf heftige Bangigkeiten, Gemüthsbewegungen, Gichter, Magenkrämpfe, Ohnmächten, Blutspeyen oder Blutbrechen ꝛc. entstehen, in solchem Fall kann man vollblütigen Leuten alsobald Blut aus der Ader am Fusse lassen, bey andern aber sind laulichte Fußbäder und erweichende Clystiere genugsam, das Blut nach und nach wieder in die Gefässe der Mutter zu lošen; zugleich gebe man der Kranken stillende und besänftigende Mittel ein, wenn einige Spuren vom Fieber vorhanden sind, die Gichter aber unterdruke man mit folgender Essenz, davon in 12 Stunden Zeit 2 bis 3 mal 30 Tropfen in wenig Wasser eingenommen werden können: man nehme zwey Quintlein von des Hofmanns stillenden Tropfen, ein Quintlein Biebergeilessenz, und gleichviel von des Sydenhams Laudanum liquidum untereinander gemischet.

Vom
weissen Flusse der Weibspersonen.

§. 1.

Wenn von den Verderbnissen des Magens, von denen wir oben in der Abhandlung der Nervenkrankheiten Meldung gethan haben, eine allzustarke Menge Schleim und Schärfigkeiten in das Blut gebracht werden, so entstehet davon bey vielen Weibspersonen dasjenige Uebel, so man den weissen Fluß nennet, welcher nichts anders als ein Ausfluß dieser schleimartigen Feuchtigkeiten aus eben denen Gefässen, die die monatliche Reinigung verschaffen, und auf den Schleimdrüsen der Mutter und des Muttergangs ist. Diese Materie ist bald weiß, bald gelb, grau, und grünlicht, je nachdem eine Art von Schärfigkeiten sich mit dem gesammleten Schleim vermischet, und in diese Gefässe oder Drüsen getrieben wird. Einige Tage vor und nach der monatlichen Reinigung ist gewöhnlich dieser Ausfluß am stärksten, und wenn nur die Blutgefäſſe die zur monatlichen Reinigung dienen ſollen, allzuſchlapp und mit allzuvielem Schleim angefüllet ſind, ſo höret in dieſer Zeit dieſe Ergieſſung auf, hingegen aber dauret ſie fort, wenn zugleich die drüſichten Theile der Mutter und des Muttergan-ges davon angehäufet ſind. Die erſte Gattung iſt leichter, als die zweyte und als die dritte zu heilen, die auf eine ſehr ſchwere Niederkunft und nach ſtar-ken und allzulange angehaltenen Blutverlürſten der Mutter entſtanden iſt, bey denen ihre Gefäſſe den gröſten Theil ihrer zuſammenziehenden Kraft ver-lohren haben.

§ 2.

Obſchon viele Weibsperſonen dieſe Ungelegenheit lange Zeit ohne einen merklichen Nachtheil für ihre Geſundheit dabey zu verſpüren, ertragen können, ſo verfallen doch einige davon in eine Schwindſucht, und verlieren nach und nach ihre natürliche Farbe des Angeſichts und die angenehmſten Geſichtszüge: der ganze Leib wird abgemattet, und zu allen Ver-richtungen untüchtig; die Füſſe werden dik und ge-ſchwollen,

schwollen, die Lust zum Essen verschwindet, und hingegen stellet sich Ekel, Herzklopfen, und Bangigkeit ein. Und wenn von dieser oder jener Ursache die Materie plözlich zurükgetrieben wird, so erzeuget sie bald die heftigsten Mutteraffekten, Wassersuchten, Gliederschmerzen, bald ein auszehrendes Fieber, Stek- und Schlagflüsse, oder krebsartige Geschwüre in der Mutter ꝛc.

§. 3.

Dieses Uebel hat mit jenem bösartigen weißen Flusse, der von einem unreinen Beyschlafe oft entstehet, nichts gemein, und erfordert auch eine ganz andere Heilungsart. Kein Alter des weiblichen Geschlechts ist von selbigem gänzlich frey, indem oft zweyjährige Kinder damit, wie erwachsene und alte Weibspersonen, geplaget werden. Am gewöhnlichsten aber äussert es sich zu derjenigen Zeit, wo eine Tochter bald mannbar werden, und zum erstenmale ihre monatliche Reinigung bekommen soll. Je erhizter alsdann das Blut und hiemit auch die heimlichen Begierden der Liebe bey einer solchen

Person sind, desto stärker äussert sich an ihr diese Krankheit; und bey welchen Personen muß nothwendig eine solche Erhitzung und Triebe stärker, als eben bey den Hof- und Weltleuten seyn, bey denen schon in sehr frühem Alter der Stoff dazu in ihr Blut geleget wird.

§. 4.

Die Heilungsart dieses Uebels erfordert folgendes: erstlich muß man den Magen und die Därme, wie auch das Blut von dem vorhandenen überflüßigen Schleim und Schärfigkeiten genugsam befreyen, hierzu dienen sowohl die wiederholten Brech- als Purgiermittel, von denen die wirksamsten in diesem Umstande die Brechwurzel und Rhabarbara sind. Des ersten bediene man sich, wenn die Kranke einen starken Ekel vor den Speisen und Spannungen oder Blähungen im Magen hat, man kann davon auf einmal 25 bis 30 Gran mit gleichvielem Wermuthsalze vermischt in laulichtem Wasser nüchtern einnehmen, und am dritten Tage das gleiche Mittel wiederholen, wenn vom ersten der

Magen nicht genugsam ausgeleeret worden ist: nach diesem gebrauche man folgenden Kräuterwein, im Anfang alle Tage, hernach nur alle 3, 4 und 6 Tage einmal, bis das Uebel gänzlich nachgelassen hat: man nehme Chamenberli, Bieberklee, Tausendguldenkraut, von jedem eine Hand voll, Sassafras eine Unze, rothe Gentianwurzel eine halbe Unze, bittere und gedörrte Pommeranzenschale eine Unze, Cascarillenrinde und Fenchel von jedem 3 Quintlein, feine Rhabarbara anderthalb Unzen, und zwo Unzen von des Glaubers Laxiersalze, thue alles zusammen in einem glasurten Topf, giesse darüber anderthalb Pfund siedend Wasser, verschliesse den Topf, und nach 12 Stunden mische man noch anderthalb Pfund von einem alten Rhein- oder andern ähnlichem Wein darein, lasse es wieder 12 Stunden lang stehen, hernach ziehe man es sachte in Flaschen ab, und lasse davon die Kranke morgens nüchtern eine Theeschale voll einnehmen, und darauf ein wenig schwachgefärbten Thee nachtrinken. Zweytens, allbieweil der ganze Leib von den überflüßigen Schärfigkeiten und Schleim durch dieses Mittel gereiniget wird, muß man zugleich mit dienlichen Mitteln die schlapp gewordenen Gefässe der Mutter und Magen stärken, und die Säfte durch eine angemessene Nahrung und Trank verbessern; anfangs lasse man die Kranke etwa 14 Tage nacheinander vor den Mahlzeiten ein Theelöffel voll von des Paracelsi Elixier proprietatis in wenig spanischem Wein einnehmen, welches zugleich zum Abführen dienet. Nach aufgebrauchtem Purgiertrank hält sie mit dem gleichen Elixier an, und nimmt zugleich noch morgens und abends die stärkenden Pillen 5. 7. von den fliegenden Gliederschmerzen, bis das Uebel aufgehöret hat. Schon beym Gebrauche des Tranks und nachwärts, kann man sowohl zum stärken als reinigen bisweilen im Tage ein Theelöffel voll von der bittern Pomeranzenlatwerge einnehmen. In Ansehung der Nahrung und Tranks soll sich eine solche Person sorgfältig von allem demjenigen enthalten, was die Fibern des Magens schlapp machen, und Schleim erzeugen kann, als zum Er. von allen Milchspeisen, vielem warmen Getränke, als Thee, Caffee, Chocolate, Suppen, Tunke, von fetten, öligten, gebratenen Sachen, von vielem wässerigem und blähendem Gartenzeuge, als Kohl, Rüben, Bohnen, Linsen ꝛc. zum dritten bediene man sich eines gemeinen Stachelwassers mit rothem Wein vermischt, oder einer Sassafrasptisane, und einiger Löffel voll spanischem Weins vor den Mahlzeiten. Drittens soll sich eine solche Person beständig sehr reinlich halten, sich alle abend und morgen mit einem Sabinen- und Cardobenedictentrank waschen, auch davon nach vorhergegangener genugsamen Abführung bisweilen laulicht einspritzen, und den Rauch von angezündetem Mastich und Nesholderbeeren durch einen Trichter gegen die Mutter steigen lassen. Ich habe in diesem Uebel sehr oft mit erwünschtem Nutzen verschiedene Weibspersonen unser Schwefel-Gurniegelwässer gebrauchen sehen, nachdem sie vorher vielerley Mittel umsonst gebraucht hatten: sie nahmen vorher einige Tage nacheinander abführende Mittel ein, tranken hernach morgens nüchtern das Schwefelwasser, soviel der Magen gerne annehmen wollte, badeten sich abends einige Stunden lang in gleichem Wasser, und wiederholten das Purgieren alle Woche einmal, bis das Uebel gänzlich gehoben wurde; und beym Baden ist das Einspritzen mit diesem Wasser von grosser Wirkung, welches ohne Gefahr unternommen werden kann, sobald man das Wasser zugleich am Morgen nüchtlich trinkt. Alle übrige äusserliche Mittel zum Einspritzen, die von aufgelöstem Vitriol, Alaun, oder andern stark anziehenden Sachen gemacht werden, sind in dieser Krankheit mehrentheils sehr schädlich, insonderheit, wenn der Leib vorher nicht genugsam gereiniget und auf eine erforderliche Weise zubereitet worden ist. Viertens, wenn wir eine vollkommene Austilgung dieses Uebels hoffen wollen, so muß nothwendig eine solche Person in ihrer Lebensart alles dasjenige meiden was den Anlaß dazu hat geben können; sie muß sich eine mehrere Leibesbewegung verschaffen; sie muß nicht nur in währender Heilung, sondern lange hernach auch bey der neuen Verordnung in Speise und Trank verbleiben; sie muß ihre Begierden und Triebe mäßigen, und alles meiden, was ihre Lebensgeister erschöpfen und die Fibern allzusehr schlapp machen kann.

§. 5.

Es geschiehet bisweilen, wenn sich diese scharfe Materie in der Mutter und dem Muttergange an die Haut ansezet, und dadurch die Nerven dieser Theile allzuheftig gereizt werden, daß eine Art von Unsinnigkeit und die stärksten Triebe zur Onanie entstehen, in solchem Fall muß man zuerst einer solchen Person eine Zeitlang nichts als stillende und kühlende Mittel eingeben, ihr alles Fleisch und hizige Getränke entziehen, sie öfters in laulichtem Wasser lange baden lassen, den Stuhlgang fleißig mit erweichenden Clystieren eröfnen, und durch Einsprizen mit laulichtem Camphorwasser die Schärfigkeiten vermindern: hernach erst fängt man die oben bemeldte Heilungsart mit ihr an. Was den bösartigen weißen Fluß, und die Art selbigen zu stellen anbelangt, der bisweilen eine Folge von den allzufeinen Nachteſſen und Bekanntſchaften hinter den Zierrathtüchern und kleinen Nebengebäuden in den Comödienhäuſern iſt, ſo habe davon in meiner Anweiſung, wie man ſich von den meiſten Krankheiten befreyen könne, in dem Cap. von der Luſtſeuche umſtändlich geredet.

Vom Goldaderfluſſe.

§. 1.

Sehr ſitſame, allzuweichlich auferzogene, vom allzuſtetem Beyſchlaf und Onanie erſchöpfte, mit allzunährhaften Speiſen genährte, ſchwermüthige und mit Angſt oft beladene Leute, verlieren in einem gewiſſen Alter bisweilen Blut durch den Stuhlgang, welches man den Goldaderfluß nennet, welken es aus den Blutgefäſſen von dieſem Namen herkommt. Obſchon man eigentlich dieſen Blutverluſt, der bey den Mannsperſonen gemeiner als bey den Weibsperſonen iſt, als keine wirkliche Krankheit anſehen kann, ſo lange er nicht zu ſtark iſt, so ist es hingegen doch gewiß, daß ein Mensch, der damit behaftet ist, eine weit mehrere Geneigtheit zu verschiedenen Krankheiten bey sich hat, als der, welcher ihn nicht hat, und auch keine Triebe dazu in sich verspühret. Man mag ihn so lange als man will, als ein Zeichen der Gesundheit ansehen, und er kann bisweilen in vielen schweren Krankheiten grosse Erleichterungen verschaffen, so beweist er dennoch, daß viele Blutgefässe im Unterleibe mit allzu vielem Blute angefüllet seyen, und selbiges allzulangsam wieder in das Herz zurückfliesse.

§. 2.

Es verspühret der Mensch oft schon einige Tage vor diesem Blutverlust eine Mattigkeit in dem Leibe, einen spannenden Schmerz unten am Rückgrad, ein starkes Beissen und Kitzeln am After, einen Drang zum Stuhlgang, und Bauchgrimmen: hierauf verlieret man beym Stuhlgeben entweder alsobald blosses Blut, oder anfangs nur eine mit wenigem Blute vermischte schleimige Materie. Geht das Blut mit dem Harn aus der Blase ab, welches der Goldaderfluß der Harnblase ist, und welches insgemein nur bey denjenigen geschiehet, die vorher mit einem wahren Goldaderflusse sind behaftet gewesen, so fühlt er neben den gewohnten Zufällen eines solchen Ausbleibens starke Spannungen in der Gegend der Blase und ein Harndrängen, und oft eine gänzliche Zurükhaltung des Harns, die aber jedesmal sehr erleichtert wird, so oft etwas Blut abgehet, insonderheit geronnen Blut, das mit Mühe aus der Blase getrieben wird.

§. 3.

Von der starken Anhäufung des Bluts, Schleim und Serosität in den kleinen Goldadergefäßen entstehen kleine Knoten, sowohl äusserlich am After als inwendig am Darm, denen man an den meisten Orten den Namen Hämorrhoides giebt, und in wahre und falsche eingetheilt werden, wie auch in innerliche und äusserliche: die falschen sind diejenigen, die kein Blut, sondern bisweilen nur ein wenig Schleim ergiessen, die wahren aber die, welche den Goldaderfluß erwefen. Sowohl die eine als andere Gattung ist oftmals von einer sehr entzündlichen Art, daß sie einen brennenden, stechenden und klopfenden Schmerz im After erwekt, und Fieber verursachet, wie eine andere äufferliche Entzündung, die sich in ein Geschwür verwandeln will.

§. 4.

Die mehresten Ursachen, die bey den Hof- und Weltleuten den Anlas zu vielen Nervenkrankheiten geben, erzeugen auch bey ihnen diese Leibesgebrechlichkeit, und bey einigen kommt sie von ihrem täglichen Kutschenfahren und öftern starken Reiten her, weil durch diese Erschütterungen das Blut allzu häufig in die Blutgefässe des untersten Darms und der Harnblase gezogen, und durch keine andere Leibesbewegung nachwärts weiter getrieben wird.

§. 5.

Man kann es bald allemal als ein Zeichen von einer schwachen Gesundheit ansehen, wenn man schon in der Jugend mit dieser Ungelegenheit behaftet ist, ein solcher Mensch wird es selten in ein hohes Alter bringen, hingegen aber wird mit Gliederschmerzen oder Nervenkrankheiten schon früh geplaget werden. In sehr schweren und hizigen Krankheiten ist oft der Goldaderfluß, wenn er stark genug ist, ein Mittel, das dieselben gänzlich vertreibt, oder dem Kranken grosse Erleichterung verschaffet. Der schleimartige, wenn er heftig ist und öfters wieder kommt, läßt bisweilen Verstopfungen in den Darmdrüsen nach sich, verursachet bey einigen bösartige Geschwüre darinnen, und fistuolose Schäden, wie ein wahrer Goldaderfluß, der übel ist besorget worden.

§. 6.

Wenn eine starke Geneigtheit zum Goldaderflusse bey jemanden vorhanden ist, selbiger aber sich von selbsten nicht einfinden will, und dabey schmerzhafte Knoten entstehen, so salbe man selbige bisweilen mit der weissen Campher- oder Linariasalbe, gebe dem Menschen erweichende Clystiere und leere die allzusehr ausgedehnten und verstopften Goldadergefässe vermittelst dem Ansetzen der Blutegeln 'm After aus. Innerlich besänftige man die Wallung des Bluts mit geläutertem Salpeter, das in laulichtem Lindenblust- oder Kirschenwasser eingenommen werden kann. Hierbey meide er für einige Tage lang das Fleisch und hizige Getränke, trinke hingegen öfters im Tage Selzer- oder ein anderer stillendes Wasser, gebe sich eine mäßige Leibesbewegung zu Fusse, und hüte sich vor Erkaltungen an den Füssen. Bleibt nach diesem dennoch ein Trieb zum Goldaderfluß vorhanden, so seze man noch einmal die Blutegel an, und gebrauche eine genugsame Zeitlang, bis entweder der Trieb nachgelassen, oder der Fluß sich eingestellet hat, die eröfnenden und stärkenden Pillen S. 7. von den Silberschmerzen, wobey ein Mensch von trokener und vollblütiger Leibesbeschaffenheit das Selzerwasser und die kühlenden Mittel immerdar fortgebrauchen kann; fette und mit vielem Schleim behaftete Leute können hingegen mit den Pillen sich eines eisenhaltenden Sauerbrunnens, als zum Er. des Spaa- Schwalbacher, oder Pirmonterwassers bedienen.

§. 7.

Ist der Goldaderfluß zu stark und so oft wiederkommend, daß davon der Mensch heftig geschwächt wird, und viele von den Zufällen einer allzustarken monatlichen Reinigung entstehen, so lasse man bey vollblütigen Leuten Blut aus der Ader am Arm, eröfne bisweilen den Stuhlgang mit präparirtem Weinstein, Rhabarbara und Eisenfeileten, erweiche den Bauch mit Ibschensalbe, halte ihn warm, gebe sich nicht zu viele Leibesbewegung so lange der Fluß anhaltet, und gebrauche eine leichte Nahrung und stillendes Getränke §. 6. Sobald der allzustarke Blutverlust sich gestillet hat, forschet man den Ursachen des Uebels §. 1. nach, um entweder durch eine Abänderung in der Lebensart, oder durch erforderliche Mittel selbiges auszutilgen.

§. 8.

Von dem Ausbleiben eines gewöhnten Goldaderflusses entstehen oftmals, insonderheit bey vollblütigen Leuten, viele schwere Zufälle, heftige Bangigkeit, Herzklopfen, Spannungen und Schmerzen

Schwindel, Gemüthsaffekten, Magenkrämpfe, Bauchgrimmen, Gliederschmerzen ꝛc. In solchem Fall trachte man selbigen, so geschwind als möglich wieder herzustellen, oder zum wenigsten das Blut im Unterleibe durch die Mittel §. 6. zu vermindern, und dieses so oft zu wiederholen, als es die Umstände erfordern.

§. 9.

In einem Goldaderflusse der Harnblase, der insgemein nur denjenigen gemein ist, die vorhin mit dem wahren Goldaderflusse sind behaftet gewesen, und bey denen er gänzlich oder größtentheils aufgehört hat, soll man durch auflösende und stillende Getränke, als zum Er. mit. dem Selzerwasser oder einer Ptisane aus Chinawurzel und Sassaparille gemacht, das geronnene Blut in der Blase auflösen und austreiben, durch erweichende Clystiere den Stuhlgang eröfnen, und dadurch das Blut destomehr in die Gefäße des untersten Darms ziehen: das Harndrängen mit Ibschensyrup, süssem Mandeln-Oel und Citronensaft besänftigen, bis fieberischen Bewegungen des Bluts mit Salpeter und kühleuden Wassern §. 6. stillen: hernach seze man ein paarmaal die Blutegel am After an, und lasse den Kranken eine geraume Zeitlang die China=pillen §. 18. von den Nervenkrankheiten, mit einem eisenhaltenden Saurbrunnen gebrauchen. In dem schleimartigen Goldaderflüsse sind auch diese Pillen und Wässer bey einer genugsamen Leibesbewegung und leichten Nahrung und Trank nach vorhergegangener genugsamen Abführung mit Rhabarbara die besten Heilungsmittel. Wir müssen noch hier kürzlich erinnern, daß man beobachtet hat, daß bisweilen von dem geronnenen Blut der Harnblase der Stoff zum Stein darinnen erzeuget wird, und deswegen die salpeterartigen Mittel in diesem Umstande niemals vergessen werden müssen, man nehme sie aber allezeit in warmlichtem Getränke ein, damit sie im Magen keine Beschwerde verursachen.

Anhang.

Von den
Urſachen der öftern entzündlichen, und
Faulfieber, und verſchiedenen Bruſt,
Krankheiten unter den Hof, und
Weltleuten.

§. 1.

Wir haben ſchon oben in der Beſchreibung von der unnatürlichen Lebensart dieſer Leute überhaupt angezeiget, warum ſie ſo oft mit entzündlichen, bösartigen und Faulfiebern behaftet ſeyen, und ſo viele von ihnen ſchon im frühen Alter daran ſterben. Ehe wir aber von den Urſachen dieſer Krankheiten reden, müſſen wir ihnen nothwendig zuvor einen deutlichen Begrif von ſelbigen machen; damit ſie deſtobeſſer die Wahrheit einſehen, und die Schädlichkeit ihrer Lebensart daraus beurtheilen können.

§. 2.

Wenn in den äuſſerſten kleinen Pulsadern dieſer oder jener Theile das Blut wegen ſeiner Zähig-

P

keit, Schärfe und Verdickung stille steht, daß das Herz vermittelst seiner zusammenziehenden Kraft keines mehr durchzutreiben vermögend ist, und auch diese Gefässe sich nicht mehr zusammenziehen können, so fliesset es mit desto stärkerm Triebe in die übrigen Theile des Leibes, wo es keinen Widerstand findet, daher entstehet im Anfange von der noch nicht allzustarken Ausdehnung der Gefässe, wie von einer Kizelung der Nerven, Frost oder Schauer, bey der vermehrten Ausdehnung Schmerzen, Klopfen und Spannung, als von einer stärkern Reizung der Nerven, und zulezt eine unnatürliche Hize im ganzen Leibe wegen der vermehrten Bewegung und Triebe des Bluts in alle Theile desselben. Wird gleich im Anfange durch dienliche Mittel, durch wiederholte Aderlässe, durch vieles auflösende Getränke aus Gerstenwasser mit Honig, Eßig und Salpeter verfertiget, oder durch andere gleichartige Mittel, und inzwischen mit Campher und Salmiaksalze die verdikte Materie in den Gefässen aufgelöset, daß sie ihren Weg fortgehen kann,

so läst die Krankheit bald nach, geschiehet aber
dieses nicht, so gerathen die verstopften Gefässe mit
der in sich haltenden Materie in eine Verschwürung, oder, wenn sie gar scharf ist, so entstehet
der Brand, der in den innerlichen Theilen beynahe allemal tödlich ist, und die Verschwürung,
je nachdem sie in einem Theile geschiehet. Die
äusserlichen Entzündungen erkennet man leichtlich
aus dem Schmerz, Geschwulst, Hize und Röthe der
Haut, welches mit vielem Fieber begleitet ist, die
innerlichen aber sind im Anfange etwas schwerer
zu erkennen, insonderheit die kleinen Entzündungen
der Lunge, aus denen nachwärts die verschiedenen
verschlossenen und offenen Geschwüre derselben entstehen, die sich endlich in eine gänzliche Lungensucht
verwandeln. Beym Aderlassen in diesen Fiebern
wird man allemal auf dem Blute die Zeichen der
Entzündung finden; bey der ersten Aderlässe ist es
ganz hellroth wie Zinnober, bey der zweyten aber
ist es schon in einer dicken weißgelblichten zähen Materie zusammengerannen, welche wie eine zähe Haut

das schwarze Blut deket, und rings um diesen Klumpen her befindet sich eine Menge gelblich serofes Waffer, das vorhin mit seinem gallerichten Theile verbunden war. Ein entzündliches Fieber ist zum Er. beym Seitenstechen, hier fühlet der Kranke auf eine sehr empfindliche Art alle Zeichen der Entzündung, nehmlich eine mühsame und sehr schmerzhafte Athemholung, einen klopfenden, anhaltenden und stechenden Schmerz, auf der einen oder andern Seite der Brust, insonderheit in der Einziehung des Athems, die sehr kurz ist; hierbey hustet er bisweilen, hat starke Hitze, Durst, Kopfschmerzen, und einen gespannten Puls ꝛc. und wenn man ihnen Blut aus der Ader läst, so hat es die eben beschriebenen Zeichen der Entzündung.

§. 2.

Sehr vollblütige Leute sind diesen Fiebern mehr als andere unterworfen, und weil die Nahrung und Trank der Hof- und Weltleute eben dasjenige ist, wodurch eine starke Vollblütigkeit; und wegen ihrer allzusittsamen Lebensart zugleich viele schleimige und scharfe Theile erzeuget werden müssen, so ist es sich gar nicht zu verwundern, daß so viele von ihnen in ihrem besten Alter mit diesen Fiebern überfallen werden. Ihre meiste Nahrung von Jugend auf ist Fleisch, starkes und gewürztes Jus und hizige Getränke bey den Mahlzeiten; von einer solchen Nahrung, welches eben die Bestandtheile unsers Körpers sind, muß hiemit nothwendig ein gröserer Ueberfluß von selbigen, als aber von Gartenkräutern und Baumfrüchten erzeuget werden, die spirituosen Getränke aber verdiken endlich allgemach den gallerichten Theil des Bluts, da hingegen das Wasser selbigen erdünnert. Wenn nun die Blutgefässe eines Menschen mit allzuvielem Blute angefüllet sind, selbiges wirklich eine starke Geneigtheit zur Verdikung an sich hat, und gewisse Gefäse von einer besondern Schwachheit und unnatürlichen Schlappigkeit sind, so ist oft eine geringscheinende Ursache, wie zum Ex. plözliche Gemüthsbewegungen und Zurüktreibungen des Schweisses oder einer starken Ausdünstung der Haut vermögend, dasselbe in gewissen kleinen Gefäßen so zu verdicken, daß eine Entzündung und Fieber daraus entstehet, weil dadurch auf einmal die Schärfigkeit im Blut allzusehr vermehrt wird.

§. 4.

Auch die Faulfieber sind unter den Hof- und Weltleuten gemeiner als unter andern Personen, weil sie wegen ihrem vielem Fleischessen mehr Galle und Blut machen, als diese, und selbiges oft in ihrem Magen in eine vollkommene Fäulung geräth. Die scharfe fieberhafte Materie wird gewöhnlich in ihrem Magen von einer dahingebrachten entzündlichen Galle, die sich da mit andern, gesammleten Unreinigkeiten vermischet, erzeuget; aber sie erwecket deswegen noch nicht gleich ein Fieber, denn man kann, damit bisweilen noch einige Wochen lang halb gesund herumwandeln, ohne daß man etwas anders, als ein wenig Unlust zum Essen, einen trokenen und bittern Mund verspühret, hernach aber wenn wirklich etwas von dieser scharfen Materie in das Blut gekommen ist, fängt man an Frost, Schauer und Hitze ab-

wechselnd zu bekommen, sich zu erbrechen, und mit einem
heftigen Kopfschmerz überfallen zu werden. Je mehr
von der gefaulten Materie in das Blut gekommen
ist, desto heftiger sind gleich die Zufälle, insonderheit die Entkräftung und Gemüthsverwirrungen,
und wenn sie sich in den kleinen Gefäßen eines
Theils ansezet, als zum Er. in den Gefäßen der
Lunge oder Muskeln der Brust, welches oft geschiehet, so erzeuget sie zugleich eine Entzündung
an diesen Orten; was die Bösartigkeit und Natur
dieser Fieber am meisten verräth, sind neben den
izt beschriebenen Zufällen, die in ihrem Laufe mit
der Hize oft abwechselnde Fröste. Daß man gleich
anfangs dieses Uebels die vorhandene Materie im
Magen durch wiederholte Brechmittel, hernach durch
einen steten Gebrauch des präparirten Weinsteins,
und der Milchschotte mit Tamarinden zubereitet,
und auf die Nacht mit Salmiaksalze und Citronentrank verändern, ausführen, und bey den Gemüthsverwirrungen und anfangenden leichten Entzündungen durch Zugpflaster den versessenen Theil

derselben wegziehen, endlich mit der Chinarinde die geschwächten Gefässe und Fibern wieder stärken, und indessen sich vor aller hitzigen, fäulenden Nahrung und Getränke hüten solle, ist sehr bekannt; aber, um nicht ein zweytesmal in das gleiche Nebel wieder zu verfallen, muß man dasjenige thun, was wir im Eingang unsers Buches im §. 13. 14. angerathen haben.

§. 5.

Ein sehr zarter Theil in unserm Leibe der aus unzählbaren Blut- und Luftgefässen, Drüsen, und einer Schwammhaut bestehet, sind die Lungen, die einer Menge von kleinen und tödlichen Uebeln unterworfen sind. Wie leichtlich entstehen nicht in ihnen Husten, asthmatische Zufälle, wenn sich etwas scharfes in ihre Luftröhre ergiesset, die Drüsen verstopft werden, oder allzuvieler Schleim sich in den Luftgefässen sammlet. Wie oft werden sie nicht entzündet, wenn das verdikte und entzündliche Blut nicht mehr durch die kleinen Blutgefässe fortgetrieben werden kann; wie oft entstehen nicht von solchen

Entzündungen in selbigen Geschwüre, und in Hären Drüsen scirrhose Geschwulsten, daß zuletzt darauf eine tödliche Lungensucht und Auszehrung des ganzen Leibes erfolget: und wie vielmal werden nicht bey steten Erhitzungen des Bluts in diesen Theilen Blutgefässe zerrissen, daß davon der Mensch entweder plözlich an Blutstürzungen erstikket, oder nachwärts von dem gefäulten und eiterichten Blute in eine Lungensucht verfällt.

§. 6.

Allen diesen Zufällen müssen die Hof- und Weltleute mehr als die meisten übrigen Menschen unterworfen seyn. Sie sind blutreich wegen ihrer allzunährhaften Nahrung. Ihre Säfte sind zur Entzündung sehr geneigt, theils wegen ihrem hizigen Getränke, und so vielen scharfen Gewürzen, die sie täglich genießen, theils dann wegen ihren öftern Gemüthsunruhen, vielem Wachen und Erschöpfungen. Sie geben sich selten eine genugsame Leibesbewegung, bey deren eine Menge von scharfen und unreinen Feuchtigkeiten durch den Schweiß und Ausdünstung der Haut ausgetrieben werden könnte, die hingegen sich oft in den Drüsen versetzt, selbige verstopft und den lymphatischen Theil des Bluts verdiket.

§. 7.

Wünschen die Hof- und Weltleute diesen gefährlichen Krankheiten zu entrinnen, mit welchen sie bey ihrer unnatürlichen Lebensart, in ihrem stärksten und besten Alter vom 20sten bis in das 35ste Jahr am meisten bedrohet sind, so gewöhnen sie sich gleich, erstlich an eine natürliche, minder hitzige, minder blutmachende, und minder scharfe Nahrung und Trank; oder, wenn sie dieses nicht thun können, so trinken sie alle morgen einige Gläser voll reine Milchschotte mit Tamarinden versäuret, um dadurch den Magen von den gesammleten Unreinigkeiten zu säubern, und die Entzündlichkeit des Bluts zu vermindern, und seine Schärfigkeiten durch den Harn auszustoßen. Zweytens sollen sie sich sorgfältig vor allen heftigen Leidenschaften des Gemüths, vor allem was das Blut in eine starke Wallung bringen und den Leib schwächen kann, insonderheit vor vielem Wachen und allzuhitzerm Beyschlaf, hüten, damit das Blut niemals mit allzuheftiger Gewalt in die Gefäſſe der Lungen getrieben werde. Drittens ſollen ſie ſich täglich eine genugſame Leibesbewegung verſchaffen, die vermögend ſeye die Ausdünſtung ihrer Haut wohl zu befördern, und den ganzen Winter hindurch ein wollenes Wammiß auf der Haut tragen, wodurch dieſelbe immerdar erhalten wird. Viertens, müſſen ſie ſich wohl in acht nehmen, daß ſie ſich niemals den ſtarken und plötzlichen Abänderungen der äuſſern Luft, durch die die Ausdünſtung der Haut zurückgetrieben werden könnte, bloßſtellen, weil ſelbige ſich gewöhnlich auf die Lungen zu ſetzen pflegt, und oft die heftigſten Huſten und plötzliche Entzündungen darinnen verurſachet. Fünftens, wenn ſie in Anſehung der Speiſe und Trank bey ihrer gewohnten Lebensart verbleiben, und Zeichen einer Vollblütigkeit vorhanden ſind, ſollen ſie von Zeit zu Zeit Blut aus der Ader laſſen, öfters laulichte Fußbäder gebrauchen, und allemal einige Tage vor und nach der Aderläſſe mit präparirtem Weinſtein und

Tamarinden in der Milchschotte aufgelöst, auflösen und abführen; und zum Trinken nichts als Wasser mit unserm säuerlichten Syrup, den wir im Eingang unsers Buchs S. 13. angerathen haben, gebrauchen. Sechstens, sollen sie Frühlings- und Sommerszeit eine Zeitlang auf dem Lande an gesunden Orten zubringen, wo keine Moräste sich in der Nähe befinden, und die Luft nicht allzuscharf ist, damit sie ihre Lungen mit einer reinen Luft genugsam erfrischen, und sich morgens und abends die erforderliche Leibesbewegung verschaffen können. Wer von den Lungenkrankheiten und der Heilungsart derselben eine deutliche Beschreibung zu lesen verlangt, lese den Hrn. Morton. Ich werde einen genugsamen Anlas haben, in dem zweyten Theile dieses Buchs, der von den Einflüssen eines übertriebenen Prachts, Verschwendung, und Müßiggangs auf einen Staat und die Gesundheit handelt, über verschiedene, hier nur obenhin bemerkte Krankheiten, um etwas weitläuftiger zu schreiben, insonderheit über die Nervenkrankheiten.

www.ingramcontent.com/pod-product-compliance
Lightning Source LLC
Chambersburg PA
CBHW021810230426
43669CB00008B/698